KACHEL
&
FLIESEN
DESIGN

KACHEL & FLIESEN

DESIGN

Klassische und
ausgefallene
Einrichtungsideen

Jill Blake

KÖNEMANN

This book was designed and produced by
Quarto Publishing plc
The Old Brewery, 6 Blundell Street,
London N7 9BH, Great Britain

Senior editor: Michelle Pickering
Senior art editor: Catherine Shearman
Copy editors: Barbara Cheney, Maggie McCormick
Designer: Roger Daniels
Illustrators: Pippa Howes, Elizabeth Gray, Keren Querfurth
Tile collages: Mary Fellows
Photographers: Martin Norris, Les Weiss, Richard Gleed
Picture researchers: Miriam Hyman, Lizi Freeman, Jill Taylor
Art director: Moira Clinch
Editorial director: Mark Dartford

Original title: Tile Style

Übersetzung aus dem Englischen: Dagmar Freytag
Satz: Birgit Hartmann (für Regine Ermert)
Redaktion: Regine Ermert
Druck und Bindung: Printed in Singapore by Star Standard Industries Pte. Ltd.
ISBN 3-8290-0436-2

INHALT

EINFÜHRUNG

Fliesen in den verschiedensten Formen und Ausführungen und aus diversen Naturmaterialien – angefangen bei Ton und Zement bis hin zu Stein-, Marmor- und Schiefermehl – begleiten als praktisches, dekoratives Baumaterial den Menschen, seit er begann, Schutzhütten für sich selbst zu bauen und Kultstätten zu errichten, um seinen Gottheiten zu huldigen.

Die Wand- und Bodenmosaiken der alten Römer sind allgemein bekannt. An vielen Stellen Europas kann man sie heute noch sehen – und etliche davon »übergeht« man sicher schon seit über 2000 Jahren! Diverse Ausgrabungen belegen jedoch, daß Fliesen auch in vielen anderen frühen Hochkulturen verwendet wurden – bei den alten Ägyptern, Persern, Babyloniern, Mauren, Arabern, Mongolen, Islamiten, Chinesen oder Japanern –, um Wänden und Böden Farbe, Muster, Glanz und eine kultivierte Atmosphäre zu verleihen.

Im Mittelalter besaßen viele Kirchen und Klöster dekorative Steinplatten- oder Fliesenböden, deren Muster bis heute so frisch und farbintensiv sind wie vor mehr als 600 Jahren, als sie verlegt wurden. Im 17. und 18. Jahrhundert machte sich infolge zahlreicher Reisen der East India Company – immer auf der Suche nach Importware wie Möbeln, Stoffen und Kunstgegenständen für Europa – ein zunehmender Einfluß chinesischer Porzellandekors in den Fliesenmustern bemerkbar. Zinnglasierte Fliesen in prächtigen Farben (auch als Majolika-Fliesen bekannt) waren sehr begehrt, und die Holländer bauten einen florierenden Produktionszweig auf, um die ständig steigende Nachfrage in ganz Europa zu befriedigen. Daneben entwickelten sie eigene Designs mit einfachen, handgemalten Darstellungen von Blumen, Vasen, Tulpen, Tieren und Landleben.

Mit der Zeit setzte sich das schlichte Blauweiß gegen die grellen Farben durch, und so wurde das »Delfter Blau« mit seinen ländlichen Motiven zum Synonym für die Delfter Fayencen schlechthin.

Im 19. Jahrhundert verwendeten und/ oder entwarfen nahezu alle Designer und Architekten in Großbritannien und den USA dekorative Wand- und Bodenfliesen; besonders diejenigen, die sich der Arts-&-Crafts-Bewegung angeschlossen hatten, wie William Morris und Charles Voysey. Der renommierteste Fliesendesigner jener Zeit, William de Morgan, war ein Töpfer, der etwa 1869 begann, für Morris & Co. Fliesen zu entwerfen. De Morgan hatte sich intensiv mit persischen und türkischen Farben und Mustern befaßt, und so zeigen seine Fliesen deren charakteristische fließende Floral- und Tiermotivik. In vielen viktorianischen Familien war der Mittel- und Sammelpunkt des Hauses – der Herd – ein mit herrlichen Kachelpaneelen von Morgan verziertes Prachtstück.

Auffällig gemusterte Wandfliesen und mit Einlagen verzierte Bodenfliesen (sogenannte Enkaustik-Fliesen) verlegte man zunehmend auch in den Badezimmern, die in den vornehmeren Häusern jetzt immer häufiger installiert wurden, den Toilettenräumen der englischen Herrenclubs sowie in den »Gesundheitszentren« dieser Epoche, den Türkischen Bädern; ferner in Wintergärten, Rauchersalons, Fabriken und öffentlichen Gebäuden. Fliesenbilder zierten die Wände von Geschäftsbereichen, für die Hygiene wichtig war – also Milch-, Fleisch- und Gemüsegeschäfte sowie Restaurants und Bars. Und sie brachten ein wenig Farbe in Museen und Rathäuser, Bibliotheken und andere öffentliche Gebäude. Im Zuge der wiederentdeckten (Neo-)Gotik schmückte man die Kirchen erneut mit (Enkaustik-) Fliesen, die Einlagen aus andersfarbigem Ton aufwiesen, so auch den Westminster Palace in London.

Auch in den zwanziger und dreißiger Jahren verwendete man Fliesen für Wohnräume: für Kamine und Öfen, für Küchen und in der rasant expandierenden Sanitärindustrie. Allerdings ging der Trend mehr zu Mustern und Farben, mit denen man »nichts falsch machen« konnte; sie waren nicht mehr so aufregend wie in früheren Jahrzehnten und bildeten kaum noch das zentrale Thema eines Raumes. Weitaus imposantere Akzente setzte die Fliese dagegen in der Architektur: an Bahnhofsmauern, an den Fassaden von Geschäftshäusern, Hotels und Restaurants oder als Außenverkleidung moderner Gebäude, um einen farbigen Kontrast zu den Baustoffen der Moderne wie Glas und Beton zu schaffen.

Heute bietet der Handel eine riesige Auswahl an Fliesen in mannigfachen Farben und Dekors an. Zum Reichtum traditioneller Muster, die uns aus vergangenen Epochen erhalten geblieben sind, gesellt sich eine Vielzahl moderner Fliesen in fantastischen Farben und Formen. Sie alle kann man nutzen, um Böden, Wände, Kamine und Ofenbereiche, Rückwände von Spülen und Arbeitsflächen, Theken, Sockel und Sockelleisten kreativ zu gestalten. Die Zusammenstellung von Fliesen ist wie ein Blick durch das Kaleidoskop: Die Möglichkeiten sind schier unbegrenzt.

Auf den folgenden Seiten finden Sie zahlreiche Anregungen, die Ihnen helfen sollen, einen bestimmten Stil oder Effekt zu erzielen. Das Gestalten mit Fliesen wird wesentlich durch den Umstand erleichtert, daß sie bereits eine geometrische Form aufweisen – quadratisch, rechteckig, vier-, sechs-, achteckig und so weiter. Schlichte einfarbige Fliesen kann man als Patchwork-, Streifen- oder Schachbrettmuster verlegen. Darüber hinaus gibt es unendliche Kombinationsmöglichkeiten mit Musterfliesen, Strukturfliesen oder Einstreumotiven.

Schließlich hat sich die Fliese neben ihrem »Stammplatz« in Bad und Küche längst andere Wohnbereiche erobert. Ein gefliester Sockel in Diele, Windfang oder Eßzimmer ist eine interessante und praktische Gestaltungsvariante; ebenso wie eine geflieste Ecke im Wintergarten in Verbindung mit einem Springbrunnen oder Wasserspiel. Geflieste Flächen können das tragende Element eines Möbeldesigns abgeben, zum Beispiel auf Tischplatten und generell überall dort, wo eine pflegeleichte, abwischbare und hitzefeste Oberfläche gefragt ist. Gute Dienste leisten Fliesen auch beim Restaurieren alter Möbel. Manch gutem Stück aus Biedermeier oder Gründerzeit läßt sich so neues Leben einhauchen.

Ganz gleich, welche persönlichen Vorlieben Sie haben und wieviel Erfahrung Sie mitbringen – dieses Buch liefert Ihnen jede Menge Anregungen und das nötige Wissen, um genau den Effekt zu erzielen, den Sie sich immer gewünscht haben; sei es nun ein sonnendurchfluteter Wintergarten im mediterranen Stil oder eine High-Tech-Küche. Die Möglichkeiten sind grenzenlos.

Jill Blake

▶ Dieses Kaleidoskop aus Fliesen zeigt, wie man die Farbenvielfalt gezielt für Effekte, Illusionen und Muster einsetzen kann.

GESCHICHTE DER FLIESEN

Mosaiken kann man aus Ton, Glas, Marmor etc. herstellen. Die meisten Menschen denken dabei an die imposanten Bodenbeläge der alten Römer. Sogar moderne Bodenmosaiken werden meist noch in traditionellen römischen Mustern verlegt.

Römische Mosaiken

Der blühende Handel mit dem **Orient** im 17. und 18. Jahrhundert führte dazu, daß sich östliche Designs und Herstellungsverfahren auch im Westen ausbreiteten. Orientalische Formen und Muster erfreuten sich im 18. Jahrhundert in westlichen Wohnhäusern zunehmender Beliebtheit und sind bis heute weit verbreitet.

Orientalische Einflüsse

Überlieferte gotische Motive

Das viktorianische England, allen voran der Designer Pugin, liebte **gotische Designs**. Seine Fliesen waren Nachbildungen mittelalterlicher Vorlagen – wuchtig, in warmen, satten Farben und mit anspruchsvollen Mustern und Motiven.

Auch **islamische Fliesen** werden seit dem Altertum gefertigt und beeinflussen noch immer das moderne Fliesendesign. Sie sind bekannt für ihre kräftigen Farben und ihre ineinander verschlungenen, fließenden Muster.

Islamisches Dekor

Europäische Nationen wie Holland übernahmen aus aller Welt die neuen Techniken und Muster und prägten ihren eigenen, unverwechselbaren Stil. Die berühmten **Delfter Fayencen** – zinnglasierte Keramikfliesen – wurden nach der Stadt Delft benannt. Die charakteristischen blauweißen Designs kopierten zunächst das chinesische Porzellan, das die holländische Ostindien-Handelsgesellschaft nach Europa einführte. Das klassische Delfter Blau mit seinen figürlichen Motiven und schlichten geometrischen Mustern wird bis heute eifrig kopiert.

Delfter Fayencen

Arts-&-Crafts-Design von William de Morgan

Mit William Morris an der Spitze entstand Mitte des 19. Jahrhunderts in England die **Arts-&-Crafts-Bewegung** als Reaktion auf die Schwerfälligkeit des viktorianischen Zeitgeists und mit der Absicht, der schlichten Form auf handwerklich hohem Niveau wieder mehr Geltung zu verschaffen. Der englische Kunsttöpfer William de Morgan, ein Freund von Morris, gehörte bald zu den bedeutendsten Designern in der Entwicklung von Keramikfliesen des 19. Jahrhunderts. Seine Fliesen findet man in den großzügigen Bädern, die beim Adel und dem aufstrebenden Bürgertum aufkamen, ebenso häufig wie in Eingangshallen oder rund um Kamine und Kachelöfen.

Der um die Jahrhundertwende sehr beliebte **Jugendstil** war eine äußerst dekorative Stilrichtung, die den Schwerpunkt auf wellenförmig fließende Linien setzte. Er war zum Teil eine direkte Weiterentwicklung der Arts-&-Crafts-Bewegung.

In England und Frankreich löste zwischen 1910 und 1930 das **Art deco** den Jugendstil ab. Es zeichnet sich durch klare, geradlinige Formen und geometrische oder stilisierte Motive aus. In seiner reinsten Form basiert es auf ausdrucksstarken exotischen Elementen.

Jugendstil

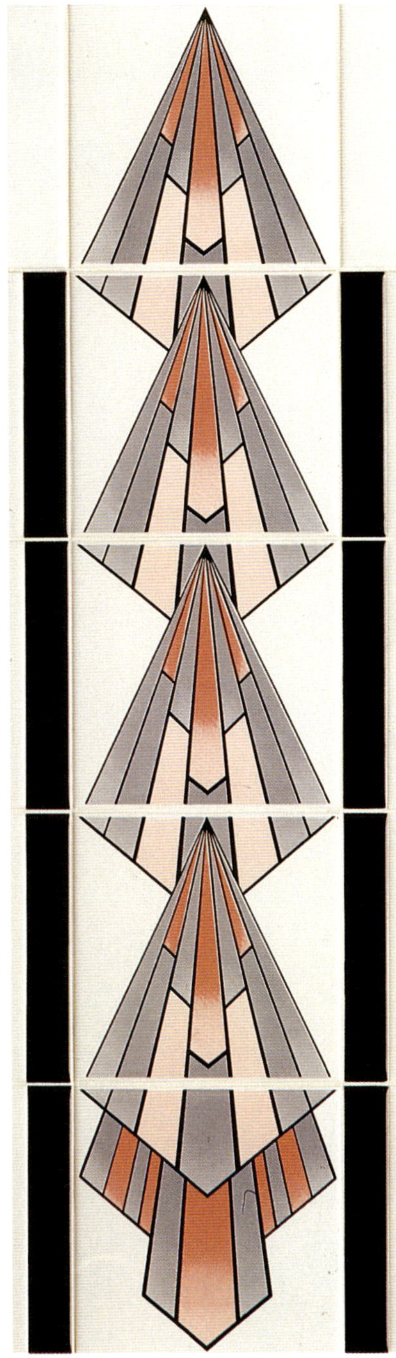

Art deco

Aber modernes Fliesendesign entwickelt sich ständig weiter. Mit dem Auftauchen neuer Materialien und Herstellungsverfahren kann man zum Beispiel den in der viktorianischen Epoche so beliebten **metallischen** »Ölschlick«-Schimmer viel preiswerter erzielen. Oft kombinieren Fliesendesigner und -hersteller althergebrachte Fertigungsmethoden mit modernem Design und umgekehrt. Das 19. Jahrhundert erweckte das im Mittelalter geheimgehaltene Produktionsverfahren für »eingelegte« – Enkaustik – Fliesen für immerhin 70 Jahre zu neuem Leben. Zur Zeit sind sie wieder in Mode – sowohl im klassischen als auch im zeitgenössischen Gewand. Aber die Kreationen moderner Fliesengestalter sind mehr als nur eine Neuauflage vergangener Epochen. Ständig entstehen neue, innovative Stilrichtungen, und solange Fliesen auf viele Menschen eine geradezu magische Wirkung ausüben, wird sich daran auch nichts ändern.

Metallische »Ölschlick«-Fliesen

Enkaustik-Fliesen im modernen Design

Modernes abstraktes Design

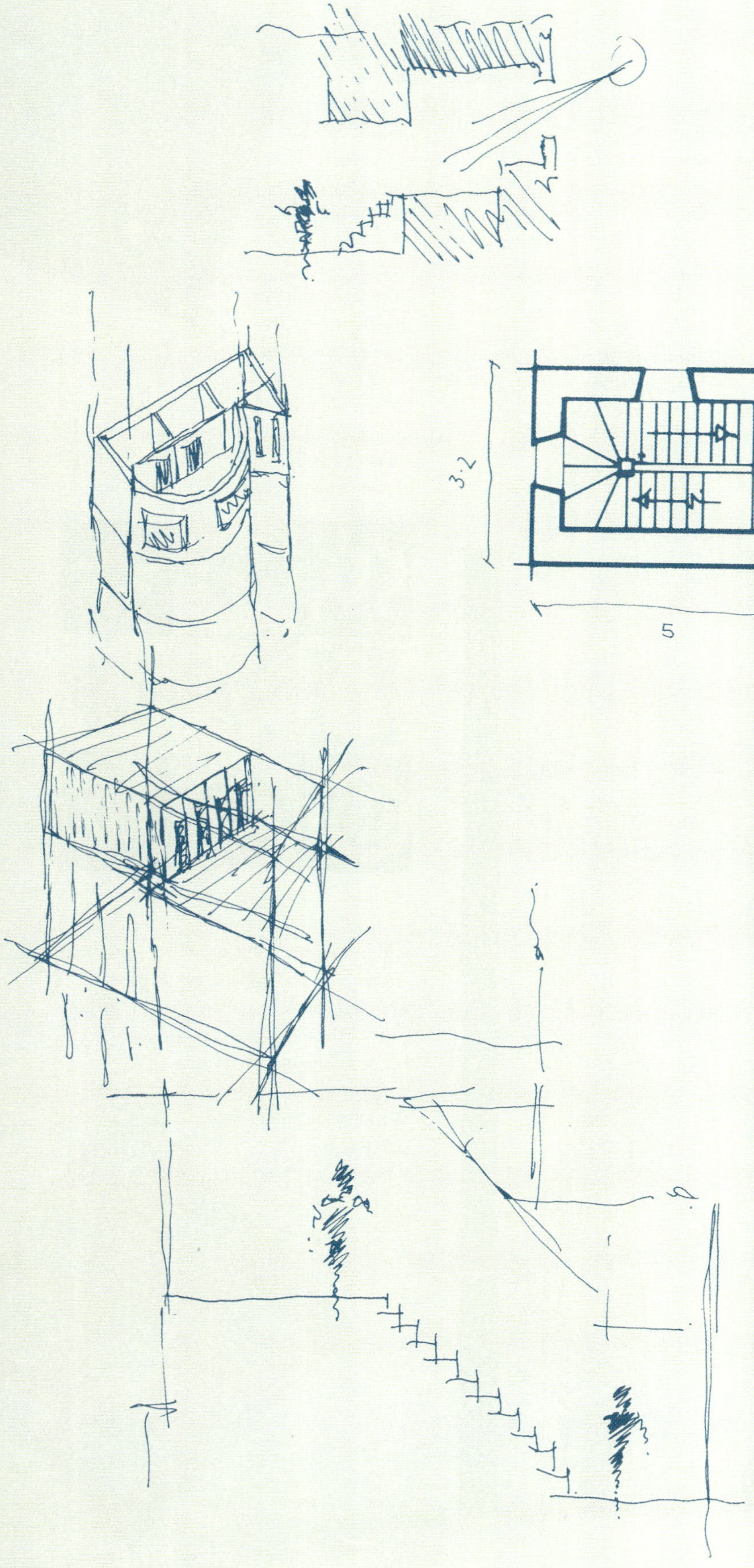

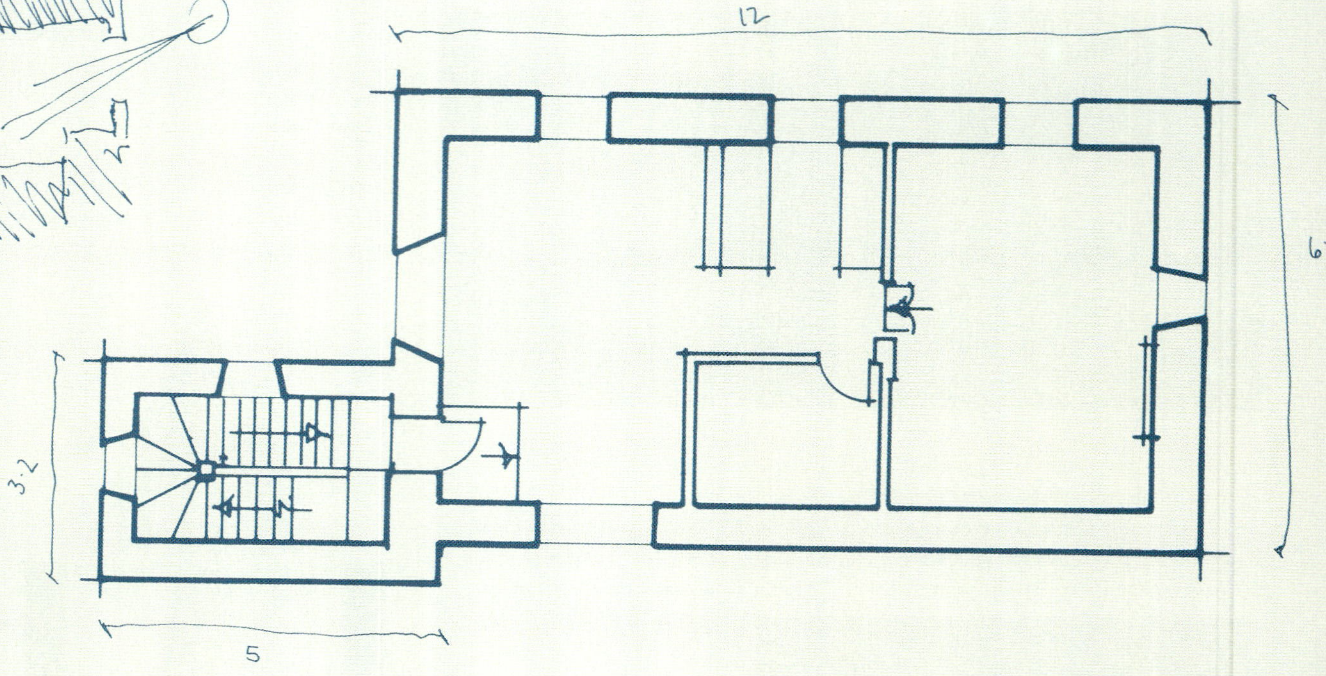
12
6·6
3·2
5

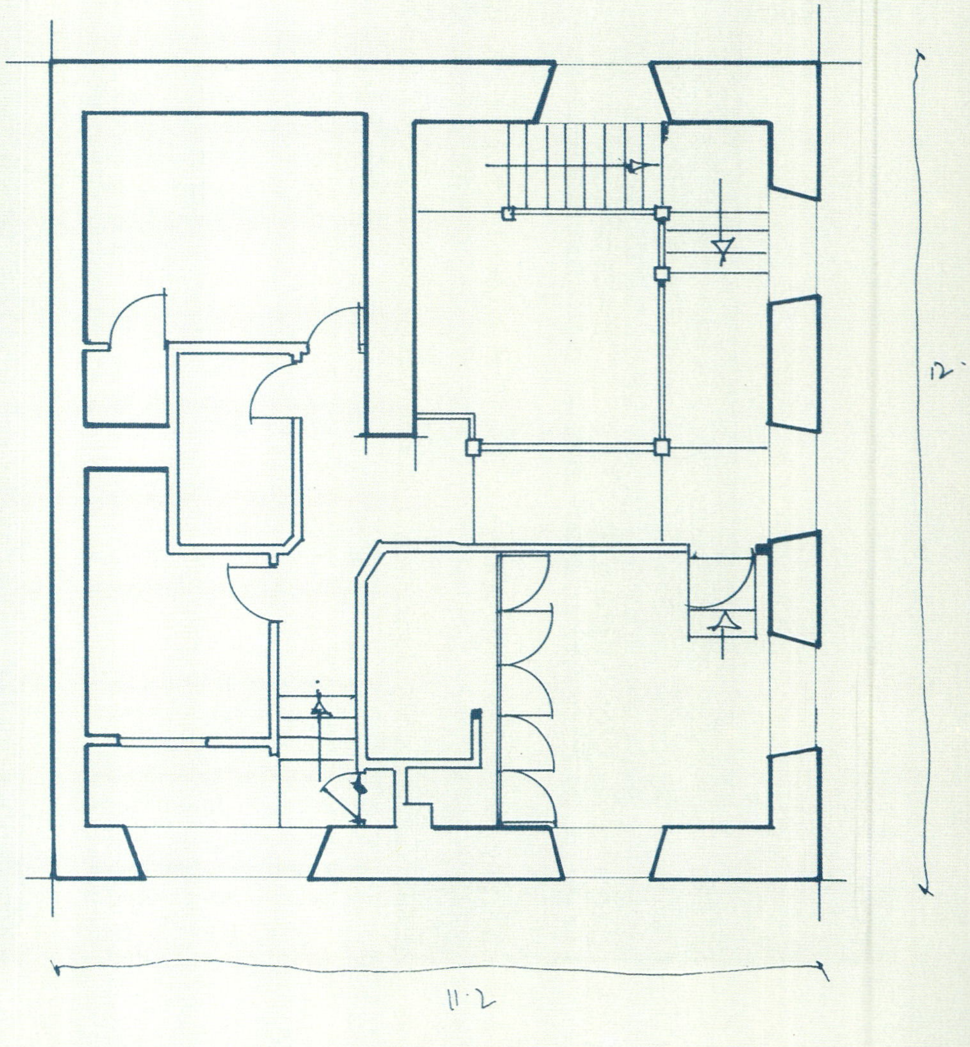
12·
11·2

RAUM
GESTALTUNG

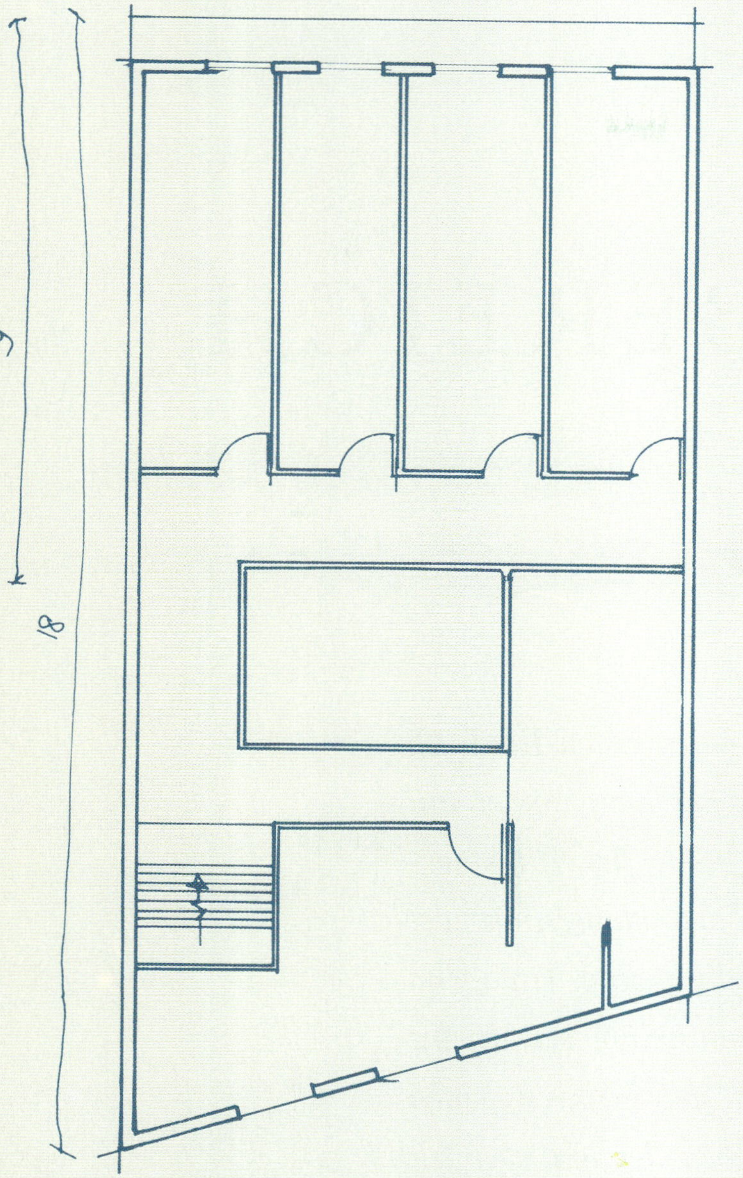

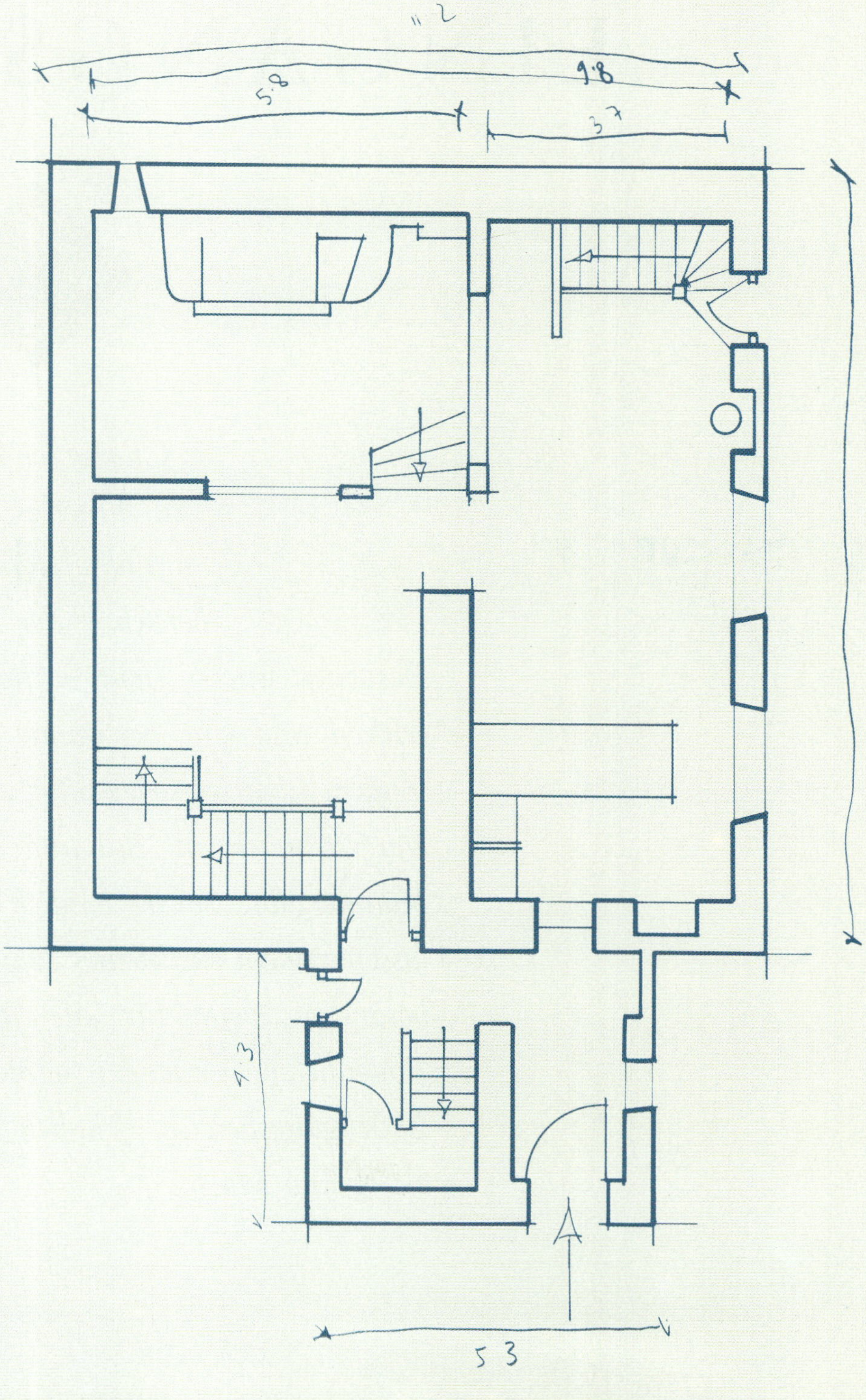

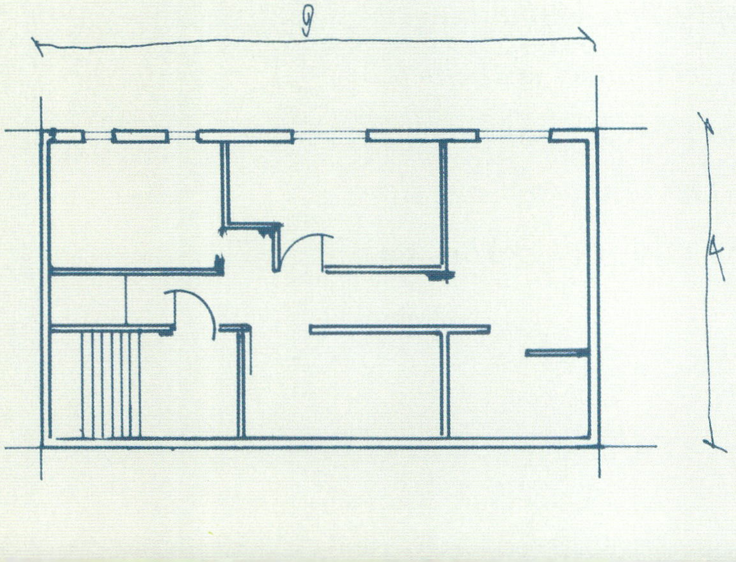

EINGANGSBEREICH

Die Chance, einen guten ersten Eindruck zu hinterlassen, hat man immer nur einmal; folglich sollte der Eingangsbereich – der Teil des Hauses, den der Besucher zuerst sieht – freundlich und einladend wirken und eine bestimmte Atmosphäre vermitteln. Zudem kann er so gestaltet sein, daß er bereits einen Vorgeschmack auf Stil und Farben der umliegenden Räume gibt. Solche baulich-optischen Verbindungen lassen zudem ein kleines Haus geräumiger erscheinen, besonders wenn für alle Räume ein einheitlicher Bodenbelag verwendet wird. Der Eingang ist ein Durchgangsbereich – haben Sie also ruhig Mut zu Farbe und Muster.

Mit ein paar optischen Tricks bei der Einrichtung kann man einen kleinen Eingang größer oder ein geradezu fürstlich bemessenes Entrée gemütlicher und intimer erscheinen lassen oder auch die Proportionen so verschieben, daß die Zimmerdecke nicht mehr so hoch oder ein langer, schmaler Flur weniger schlauchartig wirkt.

Der Eingangsbereich muß meist eine Menge aushalten – von schmutzigen Schuhen und schmierigen Fingern über Kinderwagen, Fahrräder und Einkaufstaschen bis hin zu all den Dingen, die ins Haus hinein- oder aus ihm herausgebracht werden müssen. Der Eingang ist folglich ein stark beanspruchter Bereich, in dem größere Flächen – wie Fußboden, Wände (besonders entlang der Treppe) und Holzarbeiten – pflegeleicht sein sollten.

Böden

Jeder gute Innenarchitekt beginnt mit dem Boden. Wer bereits über einen festen Dauerfußboden verfügt, sollte eher daran denken, ihn zu reparieren oder zu restaurieren, statt ihn zu ersetzen. Ansonsten beauftragt man am besten einen Verwertungsspezialisten damit, den alten Bodenbelag zu entfernen – Ihr »Terrazzo Plazzo« ist vielleicht der Traumboden von jemand anderem!

Entscheiden Sie sich im Eingang für einen Bodenbelag, der naß zu wischen und strapazierfähig ist, und denken Sie auch an die Sicherheit – Flure sollten weder uneben noch rutschig sein. Bei einem älteren Bauwerk könnten Sie zwischen Klinker, Schiefer, Terrakotta und Steinplatten wählen; es gibt sie in sanften Cremetönen oder in der traditionellen Steinfarbe. In einem eleganten neoklassizistischen Interieur könnte man den Boden entweder als traditionelles schwarzweißes Schachbrett gestalten oder im Rautenmuster mit schwarzen Einlegern, möglichst mit einer griechischen Mäanderbordüre.

Fußböden aus der Gründerzeit oder der Jahrhundertwende kann man in authentischem Cremebeige, Terrakotta oder mit schwarz- und blaugemusterten

◄ Gewachsene, rustikale Holzstrukturen und schlicht verputzte Wände sorgen in dieser Diele im Landhausstil für einen freundlichen Empfang. Der Kontrast zu dem silbergrauen Schieferboden, der eine natürliche Lebendigkeit ausstrahlt, vermittelt den Eindruck von Geräumigkeit.

▲ Die dezenten Farbabstufungen dieser kräftigen, handgemachten Terrakottabodenfliesen aus Spanien schaffen ein warmes, mediterranes Ambiente, das durch den Kontrast zu der türkis-gelben Bordüre noch gesteigert wird.

◄ Der rot-grün geflieste Sockel, eingefaßt in Perlreliefs, und ein dekorativer Fries suggerieren eine Rückkehr zur Eleganz der Jahrhundertwende. Sie werden abgesetzt gegen einen schwarzweißen Schachbrettboden, dessen Umrandung seine ungewöhnliche Form unterstreicht.

▼ Cotto-Bodenplatten, die man im Eingangsbereich verlegt hat, setzen sich in dieser typisch französischen Innenraumgestaltung auf den Treppenstufen fort. Jeder Abschnitt dieses offen angelegten Wohnbereiches wird von kontrastierenden Randfliesen begrenzt.

◄ Hier hat man diagonal verlegte Terrakottafliesen schwarzweiß umrandet, um die Form des Fußbodens zu definieren.

► Tönerne Bodenfliesen aus Mexiko wirken in Verbindung mit dem geometrischen Mustereinsatz optisch noch interessanter.

◄ Kühle blaue Wandfliesen im schräglaufenden Gittermuster bilden die Ausfachung über einem Sockel in dunkleren Farben. Farblich abgesetzte Sockelabsätze und Bordüren wirken elegant und bringen die harmonisch abgestimmte Trompe-l'œil-Bemalung vorteilhaft zur Geltung.

▼ Eine acht Fliesen breite Wanddekoration aus unterschiedlichen Fliesentypen zeigt, wie man Wandfliesen kombinieren kann, um eine maximale Wirkung zu erzielen.

Enkaustik-Fliesen verkleiden. Eine preisgünstige Alternative sind schwarze, terrakotta- oder beigefarbene Steinzeugfliesen, die – vielleicht in Verbindung mit einer Umrandung aus Enkaustik-Fliesen oder eingestreuten Dekorfliesen – interessante Muster bilden können. Bei all diesen Belägen ist eine angemessene Nachbehandlung erforderlich, damit sie pflegeleicht und langlebig werden.

Ein Treppenläufer sollte die Farben und Muster des Flures widerspiegeln, um die optische Verbindung zu verstärken. Verlegen Sie einzelne Holzschwellen an den Türen, wo Flur- und Zimmerboden aufeinandertreffen, und bemalen oder beizen Sie sie in der dominierenden Farbe. Das wirkt in sich stimmig und viel eleganter als ein Metallstreifen.

Wände

Die Wände, die eine Menge aushalten müssen, muß man naß wischen können, ob sie nun holzvertäfelt, gestrichen oder mit Vinyl-Verkleidung oder ähnlichem bezogen sind. Bei hohen Räumen kann ein horizontaler Raumteiler sehr wirkungsvoll sein und dazu beitragen, die Höhe optisch zu verringern. Eine Begrenzungslinie aus Stuck oder eine hölzerne Stoßkante, die horizontal etwa 1 m vom Boden entfernt gezogen wird, ermöglicht den Einsatz unterschiedlicher Gestaltungstechniken. So kann man unterhalb der Bordüre eine strukturierte Fläche anbringen oder aufmalen und den Bereich darüber in einem passenden Muster tapezieren. Eine wirklich praktische und ungewöhnlich dekorative Wandgestaltung erhält man durch das Fliesen des unteren Wandbereichs, den man mit einer Bordüre, Stoßkante oder Sockelleiste abschließt. Die Fliesen können gemustert oder glatt sein; letztere sollten als Patchwork oder Gittermuster montiert werden.

Farbe

Richten Sie Ihr Augenmerk auf die wärmere, freundliche Seite des Farbspektrums – Töne in sattem Rot, sanftem Pfirsich, erdigem Terrakotta, sonnigem Gelb, strahlendem Gold, Apricot, glänzendem Kastanienbraun, aufregendem Pink, Kürbis, Orange. Wenn der Fußboden in kühlen oder neutralen Farben gehalten ist, verwenden Sie die wärmeren Schattierungen für die Wände.

◄ Hier wurden der Eingangsbereich und das gesamte Erdgeschoß mit großen Steinfliesen ausgelegt, um eine optische Einheit in traditionellem Rahmen herzustellen.

▼◄ In diesem Eingangsbereich mit direktem Zugang zur Terrasse hat man die satten Terrakotta- und lederbraunen Fliesen diagonal verlegt, um den Boden optisch zu verbreitern.

▼ Ein Natursteinboden liefert ein zeitlos-klassisches Grundthema für eine Raumgestaltung und unterstreicht die Verwendung natürlicher Strukturen wie modellierter Wände und Holz.

WOHNZIMMER

Für viele Menschen ist das Wohnzimmer ein Multifunktionsbereich: Es dient zum Essen, Unterhalten, Fernsehen, für Kinder- und Gesellschaftsspiele, zum Musikhören und Musizieren und vielem mehr. In manchen Haushalten dient ein anderer Raum als Familienzimmer, und das Wohnzimmer wird nur zu festlichen Anlässen genutzt. Im erstgenannten Fall müssen Materialien und Möbel vielseitig verwendbar, das Farbmuster zweckmäßig und alle Flächen möglichst robust und pflegeleicht sein. In einem weniger beanspruchten Raum können die Einrichtung eleganter, die Farben zarter und die Flächen empfindlicher sein.

In beiden Wohnzimmerarten – dem funktionalen wie dem formalen – müssen Sitzgelegenheiten bequem und Stauräume praktisch sein, und die Beleuchtung sollte den verschiedenen Nutzungsarten des Raumes entsprechen. Verlieren Sie den Grundgedanken eines guten Designs nie aus dem Auge: eine perfekte Kombination von Zweckmäßigkeit und Ästhetik zu erzielen.

Da das Wohnzimmer zu den Räumen gehört, in denen man ausruht und sich entspannt, sollten Sie sich für Farben, Muster und Strukturen entscheiden, die ebenso gut anzusehen wie zu pflegen sind. Für die dominierenden Flächen (Boden, Wände und Polsterstoffe) wählen Sie am besten mittlere Farbtöne, zurückhaltende Muster und interessante Strukturen. Stimulierende Farbtupfer und außergewöhnliche Formen, sparsam oder als Accessoires eingesetzt, können weitere optische Dimensionen eröffnen.

Der Boden in einem derart vielgenutzten Raum wird besonders stark belastet; nehmen Sie sich daher vor, den Raum möglichst vom Boden aufwärts zu gestalten. Sinnvoll ist ein Bodenbelag, der strapazierfähig und leicht zu reinigen ist, und auf dem man nicht jeden Fleck und jeden Kratzer sieht. Stimmen Sie Materialproben, Musterstücke und Farben auf den Boden ab, wenn Sie den Rest der Einrichtung planen.

◀ Hier wurde der Terrakottaboden vom Wohnzimmer bis in die Diele durchgehalten, um eine optische Verbindung zu schaffen und den gesamten Bereich geräumiger erscheinen zu lassen.

◀◀ Warme Terrakottafliesen wurden zusammen mit hellgebleichten Steinfliesen verlegt und versiegelt, um eine leuchtende Patina zu erhalten.

▼ Handgefertigte »alte« Terrakottafliesen werden einzeln bearbeitet, um den Eindruck eines abgetretenen Fußbodens zu vermitteln und ein traditionelles, warmes Ambiente im Arbeitsbereich eines eleganten Wohnzimmers zu erzeugen.

Wenn Wohnzimmer und Küche ineinander übergehen oder sich ein Wintergarten unmittelbar anschließt, sollte man die Gestaltung aufeinander abstimmen und auch überlegen, ob nicht ein einheitlicher Dauerboden für alle Räume infrage kommt (Stein- oder Schieferplatten, Steinzeugfliesen, Cottoplatten, mattierte Keramikfliesen etc.). Teppichläufer, Kokos-, Seegras- oder Binsenmatten mildern den »steinernen« Eindruck und tragen dazu bei, den Sitzbereich abzugrenzen. Stellen Sie sicher, daß Ihre Gäste auf dem Belag nicht stolpern oder ausrutschen, und daß die Möbel nicht über den Boden schlittern.

Einen Stil festlegen

Zuerst sollte man sich den grundlegenden architektonischen Charakter des betreffenden Raumes in Verbindung mit der geplanten Nutzungsart ansehen. Größe, Form, Ausrichtung und die Menge des einfallenden Tageslichtes sind Sachzwänge, die den Stil entsprechend diktieren können. Vielleicht haben Sie ja auch ein liebgewonnenes Möbelstück, bestimmte Raumtextilien, einen Teppich oder ein anderes Accessoire, um das herum Sie den Rest der Einrichtung gestalten wollen. Ist der Raum eine einfache, nichtssagende »Schachtel«, kann man ihm praktisch jeden Stil aufdrücken, solange er nicht allzu bedrückend ist.

Wählen Sie das Farbschema passend zum Stil und bedenken Sie dabei, welches Wohnumfeld Sie schaffen wollen. Für einen Raum zum Entspannen eignen sich helle, kühle Töne, eine Ton-in-Ton-Kreation oder die Palette der Neutral- und Naturfarben. Wünschen Sie eine intime, gemütliche Atmosphäre, dann konzentrieren Sie sich auf die volleren, wärmeren Farben – dezentes Rot, erdiges Terrakotta, elegantes Rosé, kräftige Goldtöne. In kleinen Räumen arbeiten Sie besser mit den helleren Tonwerten der warmen Farben – sanftes Altrosa, Apricot und Pfirsich, Blaßgelb und Creme. Und immer an die goldene Regel der Raumgestaltung denken: Ein kühler Farbtupfer als Kontrast unterstreicht die warme Ausstrahlung.

◄◄ Mosaiken formen diese Bordüre in einem Wohnzimmer mit Bibliothek. Der Bodenbelag setzt sich auf dem Sockel des Bücherschrankes fort und läßt diesen Bereich so weitläufiger erscheinen.

▲► Das wahre »Herz des Hauses« ist der Wohnzimmerkamin – das gilt heute noch genauso wie in vergangenen Jahrhunderten, trotz Zentralheizung. Hier bilden unterschiedliche Fliesenbilder farbenprächtige und dekorative Einsätze zwischen dem gußeisernen Gitter und der imposanten Verblendung. Wenn Sie einen Kamin installieren lassen, achten Sie auf das richtige Größenverhältnis – eine überdimensionale Konstruktion stört die Balance des gesamten Raumes.

Gestaltungszentren

Mehr als jeder andere Raum braucht das Wohnzimmer ein gestalterisches Zentrum. Nach altem Brauch war das ein Ofen oder ein Kamin, der Wärme und Behaglichkeit ausstrahlte, und um den herum man Sessel und Stühle gruppierte. Im Sommer kann es zweckmäßiger sein, die Möbel so umzustellen, daß das »Zentrum« nun außen liegt. Eine interessante Fensterverkleidung setzt hierbei den passenden Rahmen für den Blick in den Garten. Ein Kamin oder Ofen kann sowohl der Ausgangspunkt der Innengestaltung sein wie deren Zentrum. Falls Sie einen neuen Kamin oder Ofen installieren wollen, achten Sie auf die passende Größenordnung in Relation zur Raumgröße (im Hinblick auf Wärmeleistung und optisches Erscheinungsbild). Backstein, Stein, Kachel und Schiefer sind allesamt hitzefest und daher aus praktischen Erwägungen eine gute Wahl für den Herd, den Wandbereich oder Schornsteinvorsprung hinter freistehenden Öfen oder als integraler Bestandteil des Kamins.

Marmor oder geschnitzte Holzumrandungen wirken klassisch-elegant und sind in etlichen Formen und Stilrichtungen erhältlich. Mit Stein oder Klinkern verkleidete Schornsteinvorsprünge oder Kaminecken wirken in einem Landhaus-Ambiente angemessen rustikal. Ein (Kachel-)Ofen, wie er in vielen Ländern Europas installiert wurde, kann aber auch vollkommen verkachelt sein und obendrein auf einer Kachelsohle vor einer Kachelwand stehen. Ebenso kann man mit gußeisernen oder emaillierten Holzbrandöfen verfahren und sie auf eine hitzefeste Herdsohle stellen. Vor einem gründerzeitlichen Hintergrund sollte man sich für ein schwarzes gußeisernes Ofengitter entscheiden, mit bemalten Kacheleinsätzen und -ofenplatten und einer Holzummantelung. Bei einer Einrichtung im Stil des Art deco der zwanziger und dreißiger Jahre wird man sich die Mühe machen müssen, nach einer typischen, vollverkachelten Ofenumrandung und -sohle zu suchen; alternativ kann man mit geometrischen, zum Stil der Epoche passenden Kacheln auch selbst eine entwerfen.

◄ Kühne, blauweiße, von Hand bemalte achteckige Fliesen bilden zusammen mit schlichten blauen Dreiecken und einer glatten Izmir-Bordüre hinter diesem gußeisernen Holzbrandofen den ebenso praktischen wie auffälligen Mittelpunkt eines ländlichen Wohnzimmers.

◀ Die Fliesen dieser Feuerstelle und Kaminrückwand sind im Stil der Delfter Fayencen mit Aufglasurmalerei in authentischen Mustern verziert. Für ein offenes Kaminfeuer müssen solche Kacheln feuerfest sein. Besser ist es, sie in Verbindung mit einem Ofen zu verlegen oder den Platz als dekorativen Raummittelpunkt zu nutzen und im Sommer Pflanzen und Blumen hineinzustellen.

◀ Die blauweißen Kacheln im Rautenmuster an Kamin und Sitzbank sehen aus wie ein handgeformtes Shaker-Patchwork.

▼ Zart graugrüne Kacheln an Feueröffnung und Sims rahmen den Kamin ein und harmonieren gut mit den warmen Terrakottafliesen auf dem Boden.

KÜCHE UND ESSZIMMER

Die Küche wird gern romantisch als das »Herz des Heims« verklärt. Diese Grundhaltung wird derzeit verstärkt durch den nostalgischen Trend zu rustikalen Echtholzküchen im ländlichen Stil – komplett mit alten Kochstellen, Keramikspülen, Kräutern in Blumentöpfen, Trockenblumen und Korbwaren. Aber die Küche ist ebenso der wichtigste Arbeitsbereich des Hauses. Heutzutage kann der Eßbereich Teil der Küche sein oder zusätzlich als Arbeits- oder Spielraum genutzt werden. Solche Vielzweckbereiche müssen sorgfältig geplant, möbliert und dekoriert werden.

Die Küche

Strapazierfähige Materialien auf Fußboden, Wänden, Möbeln und Arbeitsplatten sorgen in der Küche für unempfindliche, hygienische und reinigungsfreundliche Flächen. Keramikfliesen sind hier eine zweckmäßige und dekorative Lösung. Hinter Herd, Spüle und Arbeitsflächen dienen Sie als Spritzschutz, auf Tisch und Küchenmöbeln als Arbeitsplatte. Bruchschiefer-, Stein-, Steinzeug- und Keramikfliesen oder Cottoplatten sind mögliche Bodenbeläge, die – gut versiegelt – unverwüstlich und pflegeleicht sowie bei entsprechender Vorbehandlung auch rutschfest sind. Gut gemacht und in einer pfiffigen Farbe wirkt eine solche Behandlung optisch ansprechend und fühlt sich auch nicht rauh an.

Küchen wirken oft kalt und steril, trotz der heißen, dampfenden Arbeiten, die man darin ausführt. In einigen findet sich kein Heizkörper, weil es ja einen Backofen gibt; aber bei guter Isolation geben die Geräte kaum Wärme ab. Als Gegengewicht zur Kälte sollte man für die wichtigsten Flächen, das heißt für den Boden, die Wände, Decke, Schränke und Holzteile sowie für die Fensterrahmen nach warmen, einladenden Farben Ausschau halten. Die Strenge von Wandfliesen läßt sich mit Einrichtungselementen abmildern, die das Licht filtern, zum Beispiel mit Korbflechtarbeiten, Rolläden, Lamellenfensterläden oder schlichten Kaffeehaus-Vorhängen; mit einem Läufer oder einer einfachen Bastmatte kann man den Boden in einen Eß- und einen Sitzbereich aufteilen. Eine (zu) warme Küche wirkt mit weichem Minzgrün, Blaßblau oder in romantischen Lilatönen kühler. Auch glänzende, reflektierende Flächen erzeugen ein Gefühl von Kühle und haben bei kleinen Küchen den weiteren Vorteil, daß sie mehr Platz »vorspiegeln«.

Stilwahl

Die Küche sollte ebenso sorgfältig gestylt werden wie jeder andere Raum und sich in die Atmosphäre und das Ambiente des ganzen Hauses einfügen. Suchen Sie Boden- und Wandfliesen so aus, daß sie

▲ Die Struktur der warmen, roséfarbenen Fliesen aus venetianischem Marmor hebt die dekorative Einsatzbordüre besonders hervor.

▲▶ Eine Arbeitsplatte aus Steinzeugfliesen wurde zusammen mit einer farbenfrohen französischen Bordüre im Fauves-Stil gegen einen weiß glasierten Spritzschutz gesetzt.

◀ Hier wurde mit handglasierten, in Kammzugtechnik dekorierten Fliesen ein Patchwork-Effekt erzielt, indem man sie diagonal verlegt und weiß verfugt hat.

▶ Blaue Hochglanzfliesen kleiden diese Nische mit einer hitzebeständigen Rückwand aus. Für einen zusätzlichen optischen Effekt sorgt die Einfassung aus unglasierten Terrakottafliesen.

den Grundstil Ihrer Küche zur Geltung bringen – rustikaler Backstein, warmes Terrakotta, erdiger Naturstein und französische Tonplatten schmeicheln allesamt ländlichen Küchen mit gebeizten oder gestrichenen Kiefernmöbeln. Offen deponiertes Kupfergerät und ein Hauch von Messing verstärken das Gefühl von Wärme und Behaglichkeit.

Stimmige Muster im Stil »Ihrer« Epoche geben Ihrer Einrichtung den letzten Schliff, zum Beispiel traditionelles Delfter Blau, dem Jugendstil nachempfundene Wandfliesen und Bordüren in kräftigen Farben, exotische mediterrane Glasuren oder Blumen-, Gemüse- und Tiermotive. Alternativ kann man Wandfliesen in eleganten, glänzenden oder geometrischen Mustern mit einem (rutschfesten) Schiefer-, Marmor-, Granit- oder Terrazzoboden kombinieren und erhält so ein modernes, minimalistisches Einrichtungskonzept.

Mit schlichten Wand- und Bodenfliesen kann man grandiose Effekte erzielen. Verlegen Sie zwei Farbtöne – hell und dunkel oder starke Kontrastfarben, zum Beispiel Türkis und Terrakotta, Rot und Grün, Gelb und Lila, Schwarz und Weiß, Braun und Creme – in einem Schachbrett- oder Streifenmuster. Das kann einen kleinen Boden optisch erweitern, besonders wenn er farblich mit den Schränken harmoniert und wenn die Fußbodenleiste passend zum Boden gestrichen ist. Man kann auch mit Kontrastfarben oder speziellen Mustern optische Raumteiler schaffen, um verschiedene Bereiche voneinander abzugrenzen, zum Beispiel die Küche vom Eßzimmer oder den Wirtschaftsraum von der Küche, oder um wesentliche Gestaltungselemente zu konstruieren wie eine Nische, einen Fensterrahmen oder eine Anrichte. Bei großen Wandflächen kann man die Fliesen auch schneiden und auf eher unkonventionelle Art verlegen, zum Beispiel einen Sockel im Karomuster. An großen freien Flächen wirken Fliesendekors besonders gut – und je nach Anlage völlig unterschiedlich. So kann man in der Mitte ein Wandgemälde aufmalen oder die

▲ In dieser in klassischem Blau-weiß gehaltenen Küche sind die Unterschränke aus Holz und die Spritzschutzwand aufeinander abgestimmt.

◀◀ In dieser fensterlosen Ecke wurden Fisch- und Fruchtmotive mit einer Randfliese kombiniert; so entstand nicht nur ein praktischer Arbeitsplatz zum Zubereiten der Mahlzeiten, sondern auch ein interessanter »Ausblick«.

▲ Schwere Reliefs auf glasierten, in Weiß und weichen Naturtönen gehaltenen Fliesen geben diesem Bereich eine reizvolle Struktur. Mit neutralen Farben ist man im farblichen Gesamtkonzept weniger festgelegt.

◀ Glatte Fliesen in Terrakotta und Marineblau schaffen einen subtilen Querstreifen-Effekt und betonen den ländlichen Charakter der Küche.

Fliesen in einem fensterlosen Bereich zu einem »Zimmer mit Aussicht« arrangieren; oder man kann mit unterschiedlichen Schattierungen einer Grundfarbe einen abgestuften Ton-in-Ton-Effekt erzeugen (dann oben an der Decke mit den helleren Tönen beginnen und zum Boden hin immer dunkler werden).

Eine allzu schlichte oder langweilige Fliesenwand kann man aufpeppen, indem man für den Fugenkitt andere, weniger alltägliche Farben verwendet als das ewige Weiß, Beige oder die Farbe des Fliesenhintergrundes – zum Beispiel kräftiges Gelb für schlichte weiße Fliesen, Dunkelgrün für blaßrosa oder beigefarbene Fliesen, Königsblau für Apricot- oder Pfirsichtöne und Terrakotta oder dunkles Rostrot zu Hellgrün und Zartgelb. Anthrazitgraue oder schwarze Fliesen sehen weiß verfugt dagegen umwerfend aus. Farbige Fugenmasse gibt es gebrauchsfertig zu kaufen, man kann sie sich aber auch selbst mischen.

◄◄ Der afrikanische Schieferboden in warmem Lederbraun, gebranntem Siena und Grau hebt sich deutlich von den glänzend schwarzen Granitauflagen und dem Küchenherd ab, der wiederum als Hintergrund für die Holzschränke dient.

Das Eßzimmer

Stil-, Farb- und Einrichtungskonzept eines Eßzimmers hängen – wie bei der Küche – bis zu einem gewissen Grad davon ab, wie Sie Ihre Gäste bewirten wollen. Wie bei jeder guten Einrichtung muß man die Lage, Form und die architektonischen Gegebenheiten des Raumes berücksichtigen; das Ziel sollte aber ein gemütliches, intimes Ambiente sein.

Heutzutage ist das Eßzimmer oft nur noch eine Ecke im Wohnzimmer oder der Küche, oder es muß gleichzeitig für die Hausaufgaben und als Spiel- oder Arbeitsraum herhalten. Solche Mehrzweckbereiche müssen sorgfältig geplant und eingerichtet werden, wenn sie nicht nur funktional, sondern auch elegant wirken sollen. Die Eßecke sollte Stil, Farbschema und Grundthema des gesamten Raumes widerspiegeln.

Wenn Sie über ein separates Speisezimmer verfügen, das überwiegend für gesellschaftliche Anlässe und wichtige Familienzusammenkünfte genutzt wird, sollten Sie etwas ganz Besonderes daraus machen. Geben Sie ihm den unverwechselbaren Charakter eines bestimmten Stils, der warm und einladend ist, damit sich Gäste und Familie wohlfühlen. Die Stühle sollten bequem sein, mit zweckmäßigen (abwaschbaren) Bezügen und in der richtigen Höhe für eine große Tafel, und es sollte genügend Stauraum für Geschirr, Bestecke, Tischtücher und Tischdekorationen vorhanden sein.

Wählen Sie appetitanregende Farben aus dem warmen Bereich des Farbspektrums wie dunkles Weinrot, kräftiges Rosé, Bonbonrosa, erdiges Terrakotta, strahlende Gelb- und Goldtöne in Kombination mit schimmerndem Mahagoni oder gewachster Kiefer oder die zurückhaltenderen Eisfarben wie Erdbeer, Himbeer, Pfirsich, Apricot, Limone oder Zitrone in Verbindung mit Creme und etwas Pistaziengrün.

Hellen Sie ein dunkles Eßzimmer mit grellem Zitronengelb, warmem Gold- oder Sonnengelb und ein paar Spritzern Weiß auf und holen Sie sich mit himmelblauen oder grasgrünen

▲ Eine durchgehend geflieste Küche – Boden, Wand, Arbeitsplatten und Schranknische – schafft ein ländliches Flair in einer kleinen Apartmentküche. Das Bodenmuster läßt den Raum optisch größer wirken.

◄ Eine elegante Küche mit einem bruchrauhen Schieferboden in fein abgestimmten Grau- und Blautönen vermittelt eine kühle Atmosphäre im Kontrast zum Kochen, Waschen und anderen mit heißem Wasserdampf verbundenen Aktivitäten.

▶ Diese Einrichtung lebt von rustikalen Strukturen, die durch den optischen Kontrast mit Kupfer und schillerndem Glas noch deutlicher hervortreten. Der subtile Farbton, in dem die Umgebung des Ofens gefliest wurde, läßt das Einrichtungskonzept weniger aufdringlich erscheinen.

Kontrasten die Sonne und die Wärme eines langen Sommertages ins Haus. In großen Räumen können Sie mit rot-grünen oder gold-roten Farbkombinationen auch ein schottisches Ambiente kreieren, besonders wenn Sie karierte Schottenstoffe drapieren und stimmige Accessoires dazustellen.

Stilmuster

Eßzimmerdekorationen können modern, einfach und trendy sein. Warme, kräftige, erdige Farben und die rustikale Machart, die man mit dem Mittelmeer-Look verbindet, lassen frisch zubereitete Gerichte erwarten wie in der Provence, Toskana oder auf einer griechischen Insel. Um diesen Look zu erzeugen, kombiniert man eine tiefblaue Zimmerdecke mit einem Terrakottaboden und setzt ein paar Kontraste in Ockergelb. Eine Schablonenmalerei aus Weinblättern oder ganzen Trauben auf Wänden und verfliesten Tischen läßt ein Außenbereichs-Ambiente anklingen.

Einen eleganten skandinavischen oder modernen Minimalisten-Stil erzielt man mit Möbeln aus Teak oder hellen Hölzern, cremigen Naturtönen und Naturmaterialien, kombiniert mit farbigen Akzenten aus Porzellan und Glas. Grobe, rutschfeste Wollteppiche

▶ Dieses Eßzimmer eines Landhauses im Stil des 17. Jahrhunderts mit seinen prächtigen dunklen Holzmöbeln kommt durch die – aus einem Abbruchhaus geretteten – französischen Terrakottafliesen und die warmen pinkfarbenen Wände gut zur Geltung.

▲ Diese Eßecke in einem Gartenzimmer wurde mit Terrakottafliesen ausgelegt. Der Boden bildet einen guten Farbkontrast zu den weißen Wänden und Möbeln, während die Bordüre den Bereich eingrenzt.

dämpfen den Boden. Für das richtige Großstadt-Feeling stellt man schwarze Rauchtische mit einer grauen Granitplatte auf einen schwarzweiß gefliesten Schachbrettboden und dazu wiederum einige farbige Accessoires, um das Ganze aufzulockern.

Soll Ihr Speiseraum traditioneller aussehen, sollten Sie sich für eine bestimmte Epoche entscheiden. Eßzimmer im Gründerzeit-Stil sind sehr beliebt, nicht zuletzt deshalb, weil man so viele gute Eßzimmergarnituren in Eibe, Mahagoni oder (heller wie dunkler gebeizter) Eiche kaufen kann. Diese Hölzer wirken sehr gut in Verbindung mit kostbaren Materialien und kommen mit warmen Rot- und Goldtönen, einem Hauch Messing sowie mit Perserteppichen oder Binsenmatten auf einem Steinboden hervorragend zur Geltung.

Um ein Landhaus-Ambiente zu schaffen, kann man einen goldgelben, gebürsteten Tisch und eine gewachste Anrichte aus Kiefernholz zusammen mit gebeiztem oder in leicht verblichenen Farben (in Indigoblau- und Graugrün-Tönen) gestrichenem Mobiliar auf einen rötlich-braunen Boden aus Naturstein- oder gebrannten Tonplatten stellen.

Praktische Überlegungen

Im Eßzimmer müssen sämtliche Flächen leicht zu reinigen sein, da gelegentliches Kleckern hier nun einmal unvermeidlich ist. Auch die Wände können beim Flaschenöffnen oder beim Auftragen Spritzer abbekommen. Aber wirklich praktisch sind die Flächen erst dann, wenn sie überdies hitzefest sind – eine geflieste Arbeitsfläche, Anrichte oder Tischplatte kann ein wahrer Segen sein. Auch eine passend geflieste Wandverkleidung hinter dem Serviertisch ist eine Überlegung wert. Und wenn es zum Stil des Zimmers paßt, ist auch ein voluminöser Waschtisch des 19. Jahrhunderts mit einer Fliesen- oder Marmorauflage und -rückwand eine praktische Alternative.

Der Boden sollte ebenso zweckmäßig und am besten naß aufzuwischen sein. Alle Vorschläge für die Küche gelten daher auch für das Eßzimmer.

WINTERGARTEN

Bei manchen Häusern sind Wintergarten, Vorbau, Diele oder Veranda Teil der Architektur. Wenn sie im 18. oder 19. Jahrhundert erbaut wurden, liegt dort vielleicht schon ein fantastischer Boden. Oft verlegte man sehr dekorative Enkaustik-Fliesen und Steinplatten oder auch schwarze, beige- oder terrakottafarbene Steinzeugfliesen, Backsteinpflaster und in größeren Anwesen sogar den klassischen weißen oder schwarzen Marmor. Muß so ein alter Boden etwas aufgefrischt werden, beauftragt man am besten einen Experten, dem Boden den Glanz früherer Zeiten zurückzugeben.

Wenn ein solcher Boden aber nicht nach Ihrem Geschmack ist, kann ihn ein Verwertungsspezialist entfernen und jemand anderem verkaufen, so daß Sie ein kleines Zubrot für den neuen Boden erhalten.

Wenn Sie einen neuen Boden für Wintergärten und Vorbauten in Betracht ziehen, bedenken Sie, daß er reinigungsfreundlich und unempfindlich gegen Feuchtigkeit sein muß. Der gleiche Bodenbelag kann auch im Innenhof oder – wie früher üblich – auf dem Zugang bis zur Pforte verlegt werden, um die Bereiche zu vereinheitlichen und eine visuelle Verbindung herzustellen. Wer klug ist, wählt eine frostbeständige Qualitätsfliese bzw. Schiefer oder Stein, denn der Boden kann im Winter sehr kalt werden, besonders wenn er Wasser aufgenommen hat. Dann kann schon ein kräftiger Sonnenstrahl genügen – verstärkt durch ein Glasdach oder große Fenster – und er bekommt Risse. Wenn die Oberfläche porös ist, muß sie gut versiegelt und vor Außeneinwirkungen geschützt werden.

Meisterhafte Planung

Die meisten Wintergärten, Vorbauten, Veranden etc. sind Anbauten, die zusätzlichen Wohnraum und andere Annehmlichkeiten bieten sollen. Vorbauten und manche Veranden sind auch integrierte Wohnbereiche, die als Windfang und zur Erweiterung des Eingangsbereiches dienen. Wenn Sie anbauen wollen, sollten Sie die Nutzung sorgfältig planen und dabei genau festlegen, welche Funktion der Bereich erfüllen soll – und erst dann entsprechend möblieren und ausstatten.

Wenn der Wintergarten oder die Glasveranda auch als Gewächshaus fungieren soll, in dem exotische Pflanzen wachsen, benötigt er eine sorgfältig kontrollierte Luftventilation, Sonnenschutz und nach Möglichkeit ein automatisches Bewässerungssystem. Fensterflächen sollten immer doppelt, manchmal sogar dreifach verglast sein. Und dort, wo es gefährlich werden kann, wenn zum Beispiel der Anbau als Spielzimmer genutzt wird, sollte man spezielles, bruchsicheres Verbundglas verwenden.

▲ In diesem kleinen Garten-Eßzimmer hat man antike Terrakottafliesen zusammen mit dunklen Schiefereinlegern verlegt, um eine Illusion von Weite zu schaffen.

◀ Traditionelle Terrakottafliesen erhalten hier durch ein dekoratives Schablonenmuster und Bourbonenlilien-Motive eine persönliche Note.

▶ Achteckige mexikanische Fliesen mit quadratischen Einsätzen sorgen hier das ganze Jahr hindurch für Wärme und interessante Strukturen. Farbe und Form der Bodenfliesen wiederholen sich in den Polstern.

Egal, wieviel Glasflächen Sie bei einem solchen Anbau einplanen, den dahinter liegenden Räumen geht immer Licht verloren. Um dem entgegenzuwirken, sollten Sie den Anbau wie die angrenzenden Bereiche in hellen oder sonnigen Farben streichen und ein paar reflektierende Flächen integrieren. Wie in jedem Wohnbereich vermittelt ein durchgängig eingehaltenes Leitthema das Gefühl von Einheit und Geräumigkeit, besonders wenn der Bodenbelag eine einheitliche oder ähnliche Färbung aufweist.

Wintergärten, Veranden und verglaste Dachterrassen kann man ebenso sorgfältig gestalten und möblieren wie jeden anderen Raum. Mit neutralen Farben und Naturmaterialien, Rattan- oder Weidenmöbeln, Deckenventilatoren, Lamellenfensterläden aus Holz oder Peddigrohr unter hauchfeinen Draperien und einem Terrakotta- oder Backsteinboden kann man den indischen Kolonialstil wiederbeleben, richtig in Szene gesetzt von stilgemäßen Pflanzen, die in bunten Kübeln zusätzlich Akzente setzen.

Für einen Anbau, der primär als Familientreffpunkt oder Eßzimmer dienen soll, käme ein Empire-Stil in Betracht – grazile weiße, schmiedeeiserne Möbel und Steinfußböden, abgesetzt in prächtigen Rot- und Goldtönen – oder ein neoklassizistischer Stil mit einem schwarzweißen Fliesenboden, eleganten Pfeilern, blauen Wänden und Decken und einem Hauch von Terrakotta und Schwarz. Ein gelungener Gotik-Look steht und fällt mit stilgerechten Fenstern, das heißt hohen schlanken Fenstern, die oben spitz zulaufen. Fügen Sie einen

◄ Dieses exotische, geschlossene Atrium im maurischen Stil ist in neutralen Farben gestrichen. Der weißroséfarbene Terrakottaboden mit den altertümlichen Cabochon-Steinen dient als Hintergrund für die prächtig gefärbten Möbel.

▲ Ein klassischer Tonbrunnen (der Wasserhahn erleichtert das Gießen), gerahmt von dekorativen glasierten Fliesen aus Marokko, wurde vor einen Hintergrund aus weißen Mosaiken gesetzt.

◄ Ein vollständig verglaster Wintergarten kann Pflanzen und Bonsais beherbergen sowie im Sommer als Eßzimmer dienen. Die hellen terrakottafarbenen Sonnenblenden spiegeln die Farbe der gebrannten Tonfliesen am Boden wider.

▼ Der Steinfußboden dieses gotisch gestalteten Wintergartens weist eine Einlegebordüre im Karomuster auf, die den Zuschnitt des Raumes betont.

Glastisch auf schwarzem Eisengestell und passende schwarze Eisenstühle und -accessoires dazu wie Gardinenstangen, Kerzenleuchter und Lampen. Das Farbschema kann man überwiegend in Grautönen halten und mit Scharlachrot, Purpur oder Malve akzentuieren. Oder man kann den Raum im modernen minimalistischen Design einrichten – mit formschönen italienischen Möbeln in Chrom und Glas –, das Ganze mit neutralen Farben abrunden und mit Primärfarben Akzente setzen. Wenn der Raum ausschließlich zum Essen genutzt werden soll, gefällt Ihnen vielleicht ein mediterranes Freskenzimmer. Versuchen Sie, den Anblick sonnendurchglühter Innenhöfe einzufangen, und fliesen Sie den Boden mit quadratischen Cottoplatten in sattem Gelbbraun. Streichen Sie die weißgetünchten Wände mit einer ockerfarbenen Lasur, und geben Sie ein kräftiges Himmelblau als Farbkontrast dazu. Jetzt noch mit ein paar malerischen Fliesenwandbildern einen perspektivischen Eindruck erzeugen und mit Pflanzen und Weinranken Akzente setzen.

Themenhaft gestaltete Wände sind schon für sich genommen ein geeigneter Schmuck für Swimmingpool und Spielzimmer. Bodenbeläge aus klassisch gemustertem Terrazzo, Stein oder Ziegeln sind allesamt fußwarm und auch im nassen Zustand gefahrlos begehbar (der Bereich um den Pool muß rutschfest sein). Sonnige Farbtöne in Gelb, Gold, Terrakotta, Pfirsich und Ecru geben dem Raum in Verbindung mit Brillantblau zusätzlich Wärme und Eleganz.

Der Wirtschaftsraum

Der Wirtschaftsraum geht von Küche, Vorbau oder Wintergarten ab und ist der Teil des Hauses, der am stärksten strapaziert wird. Der praktische Nutzen ist grenzenlos und wechselt vom Blumen-Umtopfen oder dem Vorziehen von Setzlingen bis zum Stauraum für Töpfe und Pfannen. Hier können ferner der Gefrierschrank, Schränke, Vorratsregale, Waschmaschine, Trockner und Bügelutensilien stehen, und er kann zusätzlich als Hobbyraum dienen.

Der Boden sollte idealerweise leicht zu scheuern und zu wischen sein und verschüttete Flüssigkeiten, Scherben oder Dreck nicht übel nehmen. Wählen Sie einen harten Dauerfußboden in einem unempfindlichen mittleren Farbton. Viele der Bodenvorschläge für die Küche eignen sich auch für den Wirtschaftsraum.

Es sollten dort auch genügend Abflüsse und Arbeitsflächen vorhanden sein – besonders auf beiden Seiten eines (tiefen) Ausgußbeckens – und ein großzügig bemessener Tisch. Wenn wenig Platz ist, kommt auch ein Klapp- oder Ausziehtisch in Betracht, der sich aus einem Schrank herausziehen oder -klappen läßt. Die Flächen sollte man wiederum gut reinigen und notfalls scheuern können. So kann man manche Bodenbeläge auch als Arbeitsplatten auf Unterschränken oder als Spritzschutz verwenden und so das Gefühl von Kontinuität erzeugen. Sorgen Sie dafür, daß jegliche Fugenmasse hygienisch ist sowie resistent gegen Kochflüssigkeiten, Säuren und so weiter.

Wählen Sie Farben, die zur optischen Verknüpfung von Wirtschafts- und angrenzendem Raum beitragen. Warme Töne wirken weicher und nehmen die Kälte aus diesem eher klinisch-funktionalen Bereich, der vielleicht voller recht grober Dinge und glänzender Flächen steht. Auch können Muster und Farben in diesem Raum ausgefallener gestaltet sein: Der Platz eignet sich gut für eine stimulierende Farbkombination – vielleicht in Kontrastfarben oder in neutralen Tönen mit leuchtenden Akzenten.

◄ Ein einfacher, verglaster Anbau wird hier im Sommer zum sonnigen Wohnzimmer. Der klassische schwarz-weiße Fliesenboden mit schwarzen, quadratischen Einlegesteinen kommt mit den farbigen Rattanmöbeln gut zur Geltung, und die weißen, senkrechten Sichtblenden bieten einen regulierbaren Sonnenschutz.

◄ Die blaugrauen Schieferplatten auf dem Boden dieses ganz in weiß gehaltenen Wintergartens sind diagonal verlegt, um den Raum optisch zu erweitern.

▲ Ein elegantes Gartenzimmer im palladianischen Stil erhielt einen klassischen Kalksteinboden mit blaßblauen Einlegern.

► Enkaustik- und geometrische Bodenfliesen bringen neues Leben in den Originalfußboden dieses Wintergartens aus dem Jahre 1850 im renommierten Hurlingham-Club in London, England.

BAD UND SCHLAFZIMMER

Bad, Dusche und Gästetoilette sind die Funktionsbereiche des Hauses und wirken als solche oft klinisch kalt und ungemütlich. Im allgemeinen sind sie auch weniger liebevoll eingerichtet als andere Zimmer. Mit wachsendem Hang zum Komfort und den steigenden Möglichkeiten der Sanitärtechnik, diesen Ansprüchen gerecht zu werden, geht der Trend jedoch immer mehr zum gepflegten, perfekt ausgestatteten Luxusbad. Andere gestalten es zum persönlichen Fitneß- und Hygieneraum. Schlafzimmer dagegen sind normalerweise überaus intime Bereiche, deren Einrichtung mehr von der eigenen Persönlichkeit preisgeben darf als andere Räume.

Das Bad

Gewöhnlich ist das Bad der kleinste Raum und muß sorgfältig geplant, farblich gut durchdacht und pfiffig dekoriert werden, damit alles hineinpaßt und der Bereich geräumiger wirkt. Spiegel oder Spiegelfliesen helfen, Räume zu vergrößern und reflektieren natürliches Tageslicht ebenso wie nächtliches Kunstlicht. Um ein verzerrtes Spiegelbild zu vermeiden, müssen die Spiegel oder Spiegelfliesen auf einem vollkommen ebenen Untergrund angebracht werden – rauhe Wände kann man entweder zuvor mit speziellem Wand- oder Gipskarton verkleiden oder die Fliesen auf Span- oder Hartfaserplatten montieren.

Wohnliche Farben

Bäder enthalten viele klinisch-sterile Flächen sowie glänzende Materialien und strahlen deshalb leicht Kälte aus. Badewanne, Waschbecken, Duschwanne oder -kabine und Toilette sind wasser- und schmutzresistent konzipiert und oft genug schroff und ungefällig in der Form. Funkelnde Chrom-Wasserhähne und -Leisten, glänzend weiße Keramikfliesen (oder kalt schimmernder Marmor), Badewannen aus Emaille und Duschabtrennungen aus Glas tragen gemeinsam zu diesem abweisenden Eindruck bei. Weiche Materialien kompensieren diese lichtreflektierenden Texturen – flauschige Badetücher und -matten, möglichst mit Stickereien oder Häkelarbeiten geschmückt, Spitze, Gaze oder andere hauchfeine Stoffe für Vorhänge oder Rollos, Körbchen mit Seifen oder anderen Toilettenartikeln und Pflanzen, die Wasserdampf lieben und für Abwechslung in Form und Strukur sorgen.

In einer fensterlosen Naßzelle kommt auch ein gefliestes Wandbild mit einem Trompe-l'œil-Effekt in Frage, der einen Ausguck oder Meeresblick suggeriert; man kann auch mit Spiegelfliesen oder Spiegeln, dekoriert mit Vorhängen oder Jalousien und erhellt mit einer indirekten Leuchtblende, ein Fenster vortäuschen.

Wer einen kleinen Raum optisch erweitern möchte, wählt besser hellere Farbtöne oder einen Ton-in-Ton-Effekt.

In einem größeren Raum können Sie kräftigere Farben oder auch einige gewagte Farbkontraste einsetzen, um eine eher anregende Atmosphäre zu erzeugen. Den stärksten Effekt erzielen Sie hierbei, wenn Sie Komplementärfarben mischen.

In einem wohnlich-einladenden Badezimmer sorgen die Sonnenfarben – helles Gelb, Apricot, gedecktes Ziegel- und weiches Korallrot sowie blasse Goldtöne – in Verbindung mit einem warmen abgetönten Weiß und strahlend himmelblauen Akzenten das ganze Jahr über für ein sommerliches Flair. Alternativ kombiniert man Kaffeebraun mit Creme und Terrakotta und konturiert mit kräftigem Jadegrün, oder man läßt sich von floralen Themen anregen wie den frischen Rosé-, sanften Malven-, Goldgelb- und Cremeschattierungen in einem Fresienstrauß, kühl akzentuiert mit zartem Frühlingsgrün.

Sorgfältige Abstimmung

Wahrscheinlich muß man von Farbe und Stil einer bereits vorhandenen Sanitärkeramik ausgehen. Wichtig ist die exakte Farbabstimmung, und dazu muß man die in Frage kommenden Materialien unter genau denselben Lichtverhältnissen sehen. Vielleicht ist die Farbe dieser Sanitärkeramik kalt – zum Beispiel Rauchgrau oder Blau. Andere vormals so beliebte Farben sind Rot, Braunorange, Gelb und selbst Schwarz. Alle diese Farben sind im Bad sehr unpraktisch, denn im Gegensatz zur landläufigen Meinung sieht man darauf jeden Fleck als unappetitlichen grauen Rand.

▶ Eine atemberaubende, speziell für diesen Kunden entworfene Duschecke: Der Trompe-l'œil-Effekt entstand durch Glasmosaiken.

◀◀ Diese Waschecke in der Wandnische eines geräumigen Badezimmers ist ganz mit Blumen ausgeschmückt. Der verflieste Waschtisch ist abgestimmt auf das Dekor von Wandfliesen und Waschbecken.

◀ Ein verspiegelter Alkoven bildet den dekorativen Mittelpunkt dieses Schlafzimmers. Glatte und gemusterte Fliesen liefern den passenden »Rahmen« für den Spiegel und eine hübsche Ablage für persönliche Dinge.

Knallige Badezimmergarnituren kann man nicht einfach abtönen oder verstecken, indem man sie mit schlichten Neutralfarben kombiniert. Die einzige Möglichkeit, von einem unangenehm grellen Farbton abzulenken, besteht darin, mit einer besonders gewagten Raumausstattung »dagegen zu halten« oder die Garnitur als dunkelste Farbkomponente in eine Ton-in-Ton-Kreation einzubeziehen. Greifen Sie zu Tapeten oder Fliesen, die die Hauptfarbe enthalten, ihr aber gleichzeitig ein paar starke Kontrastfarben hinzufügen. Diese sollten sich in Fensterdekoration, Bodenbelag und Accessoires wiederholen.

Wenn Sie in der glücklichen Lage sind, ein Badezimmer von Grund auf neu zu gestalten, sollten Sie Sanitärkeramik wählen, die ein flexibles Styling zuläßt und auch zukünftige Gestaltungsvarianten und Farbkombinationen ermöglicht. Weiß ist eine klassische Wahl und eröffnet unbegrenzte Möglichkeiten der Farbzusammenstellung, kann jedoch kalt wirken; dagegen lassen sich einige der Elfenbein-, Champagner- oder weichen Rouge-Schattierungen ebenso problemlos – und wärmer – ausgestalten. Oder man faßt ein pfiffiges Pastell ins Auge: Lila ist manchmal für Badezimmer sehr beliebt und kann die Basis für ein wirklich elegantes Farbkonzept sein.

Viele Hersteller von Sanitärkeramik haben Verkaufsabsprachen mit Keramikherstellern für Wand- und Bodenfliesen getroffen; es ist also recht einfach, passende Fliesen zu bekommen, wenn Sie ein zurückhaltenderes Raumkonzept bevorzugen. Denken Sie daran, daß Fliesen und Sanitärkeramik Sie für lange Zeit begleiten werden, Sie sollten daher Muster und Materialproben erst eingehend prüfen, bevor Sie eine Entscheidung treffen. Sind die Fliesen gemustert, sollten Sie sichergehen, daß der Gesamteffekt einen kleinen Raum nicht »erschlägt« oder das Design bei einer vollständig verfliesten Wand nicht so aussieht, als würde es abrutschen. Halten Sie so viele Fliesen wie möglich nebeneinander. Auch Abbildungen und Prospekte sind hilfreich, um sich einen Gesamteindruck zu verschaffen, sind aber zur exakten Farbabstimmung nicht zuverlässig genug.

Wenn Bad und Schlafzimmer eine Einheit bilden, sollten Sie eine optische Verbindung zwischen beiden Räumen schaffen. Halten Sie eine Farbe vom Bad bis zum Schlafzimmer durch (oder umgekehrt), in Verbindung mit demselben oder einem ähnlich gefärbten Bodenbelag. Wählen Sie aufeinander abgestimmte (oder passende) Stoffe für die Schlafzimmergardinen und die Badezimmerrollos, und greifen Sie die Farbe der Wandfliesen im Bad in den Schlafzimmertapeten wieder auf – vielleicht sogar mit passenden Bordüren. Auch die Accessoires sollten zu beiden Raumkonzepten passen.

Das Schlafzimmer

Schlafzimmer sind sehr persönliche Bereiche. Außer zum Schlafen und Umziehen dienen sie auch als Privatsphäre, in der man sich – weit weg vom Rest der Familie – entspannen kann und bieten Stauraum für die persönliche Habe. Manchmal dienen sie gleichzeitig als Lern-, Arbeits- oder Spielzimmer.

Die meisten Schlafzimmer kann man individueller gestalten als die anderen Wohnbereiche, obgleich Schlafräume für mehrere Familienmitglieder (Elternschlafzimmer, Kinderzimmer) sehr sorgfältig möbliert und ausgestattet werden müssen, um alle zufriedenzustellen.

◄ Glasierte schlichte Wandfliesen in zwei Farben, als Rautenmuster angeordnet, bilden eine Sockelzone, umrandet von einfachen, farblich abgesetzten Fliesen. Dazu passende größere Bodenplatten greifen das Muster der Wand auf.

▼ Schlichte Fliesen in kontrastierenden satt-dunklen und blaß-kühlen Farben schaffen mit einfachen Mitteln eine kultivierte persönliche Note. Dieser Effekt wird gesteigert durch die weiße Verfugung.

◄◄ In diesem Bad sind Wandfliesen und Boden vollkommen auf die eleganten Installationen abgestimmt. Bodenfliesen müssen in Bädern immer rutschfest sein.

Wichtig ist ein bequemes Bett, das man passend zum gewählten Einrichtungsstil aussuchen kann – von der opulent drapierten Messing-Bettstatt bis hin zum trendgerechten Bettsofa oder Futon. Soll das Bett auffallen und den Raum beherrschen, können Sie es extravagant im Kontrast zu Boden und Wänden ausstaffieren, obgleich diese sehr wohl zu den übrigen Raumtextilien passen können. Soll es dagegen mehr in den Hintergrund treten, wählen Sie Bezüge, die sich »nahtlos« in die Umgebung (Boden und Wände) einfügen.

Angemessener Stauraum ist der nächste Punkt, der in die Planung einzubeziehen ist. Wenn möglich, planen Sie ihn von innen nach außen: Legen Sie genau fest, was Sie verstauen müssen, und planen Sie dann Schränke und Einrichtungselemente um den persönlichen Bedarf herum. Prüfen Sie bei freistehenden Möbeln gleichermaßen Innen- und Außenabmessungen, um sicherzugehen, daß all die Dinge, die Sie dort unterbringen müssen, auch hineinpassen. Prüfen Sie Tiefe und Bodenfläche der Schubladen ebenso wie die Stärke der Laufschienen, und stellen Sie fest, ob sie sich ohne Kraftaufwand öffnen lassen. So können Sie sicher sein, daß sie halten werden. Manchmal tut ein alter Waschtisch mit Fliesen- oder Marmorplatte gute Dienste als Ablagefläche. Man kann ihn sogar so umrüsten, daß ein fest installiertes Waschbecken darin Platz findet. Alte Frisierkommoden und Waschtische mit Holzplatte kann man mit geeigneten Keramikfliesen neu gestalten, allerdings muß bei manchen der Rahmen verstärkt werden, damit er das zusätzliche Gewicht aushält. Arbeiten Sie hier mit wasserfester Fugenmasse, wie man sie auch in Küche und Bad verwendet. Mit der passend gefliesten Wandverkleidung fügt sich das Stück dann stilvoll in den Raum ein.

Der Erholungsraum

Halten Sie sich beim Farb- und Mustermix für diesen Raum stets den Erholungswert vor Augen. Meiden Sie starke Farbkontraste und gewagte Muster,

◄ Große Fliesen in einem kraftvollen Farbton und mit einer Rauten-Bordüre stellen das ganz in Weiß gehaltene Inventar wirkungsvoll zur Schau.

▼ Schimmernd weiße Wandfliesen mit Umrandung konturieren die Wanne und andere gestalterische Details. Passende Bodenfliesen lenken den Blick auf die reizvolle altertümliche Badewanne aus Gußeisen.

► Die Ausstrahlung dieses ganz in Weiß dekorierten Badezimmers lebt vom Kontrast der runden Formen und der exakten Geometrie der Fliesen. Die farbigen Akzente können nach Lust und Laune – oder je nach Jahreszeit – verändert werden.

außer der Raum ist sehr hell und luftig, oder Sie wollen eine anregende Atmosphäre für ein Kind erzeugen. Zu viele glänzende Materialien, insbesondere an den Wänden, können verwirrend wirken. Sorgen Sie daher mit leichten Stoffen, die das Licht filtern, Bettwäsche mit Spitzenbesatz und Korbwaren für eine feminine Note und für Kontraste in der Oberflächenstruktur.

Mit Hilfe der hellen, kühlen Töne des Farbspektrums (Lila, Silber, zartes Grün oder helles Blau) läßt sich eine friedlich-heitere Grundstimmung aufbauen und die Illusion von Licht und Weite erzeugen. In einem kalten, dunklen Raum verwendet man besser ein weiches Gelb oder einen warmen Pfirsichton mit Gold oder Terrakotta, kontrastiert mit Perlweiß oder subtilen Cremetönen, und setzt Akzente in grellem Blau oder glänzendem Grün. Alternativ kann man auch ruhig kräftiges Pink in Verbindung mit niveauvollem Rosé verwenden und mit Marineblau, Lavendel oder Grau »abkühlen«. Wenn Ihnen diese weichen Schattierungen zu »schön« für ein Schlafzimmer sind, sollten Sie sich nach den anspruchsvollen Neutralfarben umsehen – verschiedenen Grautönen zusammen mit Schwarz und Weiß – und dieses Farbmuster mit ein paar knalligen Akzenten beleben. Vielleicht eignen sich jedoch die erdigeren Naturfarben besser: Warmes Braun und gebranntes Siena, in Kombination mit einem Leinenbeige, Taupe, Ecru und Creme, aufgepeppt mit Jade- und Meergrün oder einem Azurblau.

Bei Kinderzimmern gibt es sehr viel Spielraum für eine phantasievolle Gestaltung – so kann man stimulierende (Primär-) Farben verwenden oder die etwas weicheren Pudertöne. Viele Tapeten, Fliesen, Bettzeug und Vorhänge werden mit einem speziellen Kindermuster angeboten. Denken Sie daran, daß Kinder irgendwelcher Moden schnell überdrüssig werden und den Bilderbuch- oder Filmgestalten noch schneller entwachsen als den Kinderstühlchen!

Jugendzimmer können durchgestylter sein, mit subtilen Farbschattierungen, die man passend zu den Teenagern wählt, zum Beispiel die Farben des Lieblings-Fußballvereins oder die eher femininen Pink-, Lila- und Malventöne, die man mit Ballett assoziiert. Für welche Farbkombinationen Sie sich auch immer entscheiden, wählen Sie für Boden und Wände ein pflegeleichtes, waschbares Material.

Eine andere Dimension

Die meisten Schlafzimmer haben jede Menge weich fallende Gardinen und helle Möbel, die eine freundliche, einladende Atmosphäre erzeugen. Ein fester Dauerboden kann – besonders in einem kombinierten Schlaf- und Spielzimmer – diese Stimmung unterstreichen und gleichzeitig ein Gegengewicht dazu bilden. Rutschfeste (!) Läufer sorgen an kühleren Tagen für Fußwärme, besonders wenn der Raum im Minimalisten-, Landhaus- oder Mittelmeerstil eingerichtet ist. Und man kann sie gut auch dort verwenden, wo Kinder ihr Chaos verbreiten.

Keramikfliesen machen sich ferner gut als Wandschutz hinter Waschbecken oder Frisierkommoden oder als wirklich praktische Verkleidung der Wickelecke. Die Strenge von Becken und Fliesen läßt sich mit gerüschten oder plissierten Volants ausgleichen, die man – vielleicht aus demselben Stoff wie die Vorhänge – vor Tischbeinen oder Rohrleitungen anbringt.

◀ Ein erhabenes Fischmotiv aus vier Fliesen bildet einen interessanten Blickfang über dem Wasserhahn.

▲ Fliesen mit Buchstabendekor, hier als dekoratives Wandbild über einer Wickelkommode, kann man als Bordüre oder Einsatz in fast jedem Raum anbringen.

▶ Blauweiße Fliesen mit floralen Motiven umrahmen die Spiegel über diesem Schlafzimmerwaschbecken. Sie schaffen eine Verbindung zu den Wänden und verleihen dem Raum eine prickelnde Atmosphäre.

FARINA-DI-PATATE

FARB GESTALTUNG

VOM UMGANG MIT FARBEN UND MUSTERN – GRUNDLAGEN

Wer einen Raum gestalten möchte, muß bestimmte Grundprinzipien beachten – und hat vier Verbündete, mit deren Hilfe er fantastische Ergebnisse erzielen kann: Farbe, Muster, Struktur und Form.

Farbe ist ein bewährtes Mittel, um eine bestimmte Stimmung oder Atmosphäre zu erzeugen, und kann ein spezifisch traditionelles Ambiente suggerieren. Farbkombinationen können beruhigende oder anregende Wirkung haben. Farben können kalte Wohnbereiche erwärmen und warme abkühlen. Und sie können optisch Raum schaffen oder ein Gefühl wohliger Vertrautheit vermitteln.

Muster können den Stil eines Raumes prägen und ihn optisch interessanter machen. Ein bestimmtes Design auf größeren Flächen verleiht dem Raum ein modernes Aussehen oder das authentische Gesicht einer Epoche. Muster wie Farben können mithelfen, die visuellen Proportionen eines Raumes zu verschieben. Mit Mustern lassen sich sowohl angenehme Details hervorheben als auch unschöne herunterspielen.

Struktur hat jeder Gegenstand. Manche sind glänzend und reflektieren das Licht, andere sind matt und absorbieren es. Erhabene, rauhe und rustikale Strukturen müssen vom Licht umspielt werden, um ihre maximale Wirkung zu entfalten; lichtfilternde dagegen streuen das Licht. Die Oberflächenstruktur eines Gegenstands hat wiederum Auswirkungen auf seine Farbe: Sie erscheint entweder heller (lichtreflektierend), dunkler und trüber (lichtabsorbierend) oder zarter und zerbrechlicher (lichtfilternd). Strukturelle Kontraste sind Voraussetzung für ein gelungenes Einrichtungskonzept.

Form ist ein weiterer wichtiger Bestandteil. Sie kann quadratisch oder lang und eckig, linear, sanft fließend oder gerundet und geschwungen sein. Ziel sollte immer ein Gleichgewicht der Formen sein, das heißt ein ausgewogenes Verhältnis verschiedener Gestaltungen auf horizontaler und vertikaler Ebene.

Farbenlehre

Es gibt drei grundlegende Arten von Farben: warme, kalte und neutrale.

Warme, hervortretende Farben können einen Raum »erwärmen« oder einem großen Raum eine behagliche Ausstrahlung verleihen. Da sie auf Sie zuzukommen scheinen, können sie aber auch einengend wirken, besonders die leuchtenderen Varianten. Beispiele sind Violettrot, Rot, Rotorange, Orange, Gelborange, Gelb und einige Gelbgrün-Töne in sämtlichen Tonwerten (Leuchtkraft und Schattierung), vom hellen Pastellrosa, Zitronengelb, Pfirsich und Apricot bis zu dunklem Weinrot, strahlendem Gold und erdigem Terrakotta.

Kühle, zurückweichende Farben erwecken in hellen Nuancen den Eindruck kühler Eleganz und Geräumigkeit, da sie sich scheinbar von Ihnen zurückziehen. Mit solchen Farben kann man ein heißes oder sehr sonniges Zimmer kühler gestalten. In kräftigeren Schattierungen können kühle Farben jedoch recht anstrengend sein. Beispiele sind Violett, Violettblau, Blau, Blaugrün, Grün und einige Gelbgrün-Abstufungen – und ihre diversen Aufhellungen, Abtönungen und Schattierungen vom zartesten Flieder und pudrigen Himmelblau bis zum dunkelsten Tannen- und Olivgrün. Die warmen (hervortretenden) Farben liegen auf der einen Seite des Farbspektrums und die kalten (zurückweichenden) Farben auf der anderen.

Neutralfarben sind diejenigen Farben, die auf dem Farbspektrum nicht erscheinen. Man verwendet sie, um Übergänge oder Kontraste zu schaffen oder ein Farbmuster zu definieren. Man kann Neutralfarben als Hintergrund einsetzen; sie können aber auch für sich genommen sehr wirkungsvoll sein, besonders wenn eine minimalistische oder schlicht erholsame Atmosphäre gewünscht wird. Echte Neutralfarben sind Schwarz, Weiß und klares Grau. Grau entsteht, wenn man Schwarz mit Weiß mischt, und kann je nach Mischungsverhältnis zwischen hellem Silber und dunklem Anthrazit schwanken. Weiterhin gibt es die landläufig als Neutralfarben bezeichneten Töne: Creme, abgetöntes Weiß, Beige und die Naturfarben.

Harmonische Farbabstimmung

Natürlich ist es die Art der Farbzusammenstellung, die einem Raum Atmosphäre, Charakter und Stil verleiht. Hierbei gibt es Farbkombinationen, die man allgemein als Farbharmonien bezeichnet, obwohl sie nicht zwangsläufig harmonisch sein müssen! Um ein ausgeglichenes Farbkonzept zu entwerfen, ist es wichtig, tonale Kontraste einzuführen; diese erzielt man, indem man Farben unterschiedlicher Intensität (Wertigkeit) kombiniert.

Ein **Komplementärfarben-Konzept** verbindet Farben, die sich auf dem Farbenkreis gegenüberstehen – Rot und Grün, Blau und Orange, Gelb und Lila – in ihren sämtlichen Abstufungen. So sind zum Beispiel Terrakotta und Türkis, Malve und Gold Komplementär-Kombinationen. Da hier die warmen, hervortretenden Farben mit kühlen, zurückweichenden zusammengebracht werden, entstehen meist dramatische Effekte.

Ein **Konzept benachbarter Farben** kommt zustande, wenn man die auf dem Farbenkreis nebeneinander liegenden Schattierungen zusammenstellt. Die Kombination kann mehrere Segmente umfassen – zwei, drei, vier oder fünf. Kommen die Blau- und Grüntöne zum Einsatz, ist die Wirkung kühl, »warme Nachbarn« (Gelb, Gold und Orangebraun) erzeugen ein anheimelndes Gefühl. Stimulierender ist die Kombination warmer und kalter benachbarter Farben.

Ein **monochromatisches Farbschema** (das klassische Ton-in-Ton-Konzept) verbindet Abstufungen unterschiedlicher Helligkeit (Tonwerte) einer einzigen Farbe. Um hier keinen faden, langweiligen Eindruck aufkommen zu lassen, ist es wichtig, sehr viele verschiedene Farbnuancen zu verwenden. In solchen Konzepten ist es ferner hilfreich, mit einer passenden Neutralfarbe Kontraste einzufügen und mit Accessoires in einer kräftigen Komplementärfarbe Akzente zu setzen. Wenn Sie sich für eine glasierte Keramikfliese entscheiden, sollten Sie bedenken, daß sie großflächig verlegt viel heller oder farbintensiver aussehen kann, weil sie das Licht reflektiert. Dekors können erstaunlich trügerisch sein, besonders wenn Sie nur ein einzelnes Exemplar gesehen haben.

Musterwahl

Auch Muster können hervortreten oder zurückweichen. Auffällige geometrische, florale und sich regelmäßig wiederholende Designs neigen zum Vortreten und wirken deshalb auf großen Boden-, Wand- oder Fensterflächen intensiver. Derart gewagte Effekte setzt man am besten in großen Räumen ein, wo sie voll zur Geltung kommen können. Kleine Muster wirken dagegen wie zurückweichende Farben und neigen auf großen Flächen dazu, mit dem Hintergrund zu verschmelzen. Am besten verwendet man sie für kleine Zimmer oder dort, wo optisch Platz geschaffen werden soll. Wichtig ist, die Farbintensität und Größe des Musters auf die entsprechende Fläche abzustimmen: Sie sollten stets das richtige Größenver-

◄ Die meisten Hersteller und Fachhändler führen ein großes Sortiment an Farben, Mustern, Stilrichtungen und Texturen. Ein Patchwork-Muster ist eine sehr interessante Methode, farbige Fliesen zu verlegen. Achten Sie aber darauf, daß die Fliesen dieselbe Stärke und Festigkeit besitzen.

hältnis haben. Es ist recht schwierig, von einer einzigen Fliese auf den Gesamteffekt zu schließen. Abbildungen in Prospekten, Musterbüchern oder auf Verpakkungen können einen Eindruck davon vermitteln, wie das fertige Design wirkt; verlassen Sie sich aber nie darauf. Versuchen Sie immer, sich so große Musterstücke wie möglich von Stoffen, Tapeten und Farben anzusehen und dies auch noch auf der richtigen Ebene. Raffen Sie Stoffe für Vorhänge oder Rollos in der Hand, um eine genauere Vorstellung davon zu bekommen, wie sie aussehen, wenn sie fertig sind.

Stellen Sie mehrere Fliesen zusammen, damit Sie sehen können, wie sich das Design über den Boden »bewegt«. Einige Fachhändler stellen Wandfliesen auf Ausziehwänden und Bodenfliesen in Auszügen oder in verspiegelten Spezialkartons aus, um ihre Wirkung besser beurteilen zu können.

Wenn Ihnen derartiges nicht zur Verfügung steht, sollten Sie einen Karton öffnen und einige Fliesen auf eine ebene Fläche legen. Farbgebung und Muste-rung von Fliesen, Badinstallationen, Küchenelementen und Arbeitsplatten müssen sorgfältig geplant werden, denn sie gehören mittelfristig zum festen Inventar, das in seinem Leben vermutlich Grundlage mehrerer Gestaltungskonzepte sein wird. Dasselbe gilt für den Fußboden. Alle Fliesen und Platten in diesem Buch sind als harte Dauerbeläge klassifiziert und werden, sobald sie verlegt sind, zum festen Bestandteil der Raumkonstruktion. Denken Sie bei Ihrer Entscheidung daran, daß sie auch künftige Raumkonzeptionen zulassen müssen. Professionelle Raumgestalter planen die Einrichtung vom Fußboden aufwärts, sofern nicht von vorneherein eine Vorgabe besteht. Nahezu jedes Detail wird in Bezug zum Boden betrachtet – Wände und Holzarbeiten (Fußleisten, Türen) stoßen daran, Vorhänge berühren ihn, Möbel und Raum-Objekte stehen darauf. Halten Sie sich diese Zusammenhänge vor Augen, wenn Sie einen Bodenbelag aussuchen.

Zu guter Letzt, unterschätzen Sie nie die Bedeutung der Musterproben bei der Farbabstimmung. Besorgen Sie sich immer ein ausreichend bemessenes Muster von jeglichem in Frage kommenden Material und betrachten Sie es in dem Zimmer, in dem Sie es verwenden wollen, sowie unter exakt denselben Lichtverhältnissen – bei Tag(eslicht) und bei Nacht (Kunstlicht).

ROSIGES ROT

EIN PRÄCHTIGES ROT ODER LILA IST PULSIEREND UND ANREGEND. DIES SIND DIE STÄRKSTEN HERVORTRETENDEN FARBEN. SIE KÖNNEN EINEN RAUM OPTISCH VERKLEINERN UND IHN EINLADENDER ERSCHEINEN LASSEN. HELLERE PINK- UND LILATÖNE SIND DIE FARBEN DER SINNLICHKEIT UND DER VERZAUBERUNG. DIE KOMPLEMENTÄRFARBE VON ROT IST GRÜN, DIE VON LILA IST GELB.

ROT
FLIESEN AUSWAHL

Rot ist die Farbe im gesamten Spektrum, die die meiste Aufmerksamkeit auf sich zieht. Sie ist die intensivste der warmen, vortretenden Farben und wird mit Energie, Vitalität, Glück, Reichtum und Luxus assoziiert – aber auch mit Aggression und Gefahr. Rot ist darüber hinaus eine romantische Farbe: Ein Geschenk aus roten Rosen ist das klassische Liebespfand. Sein hellerer Tonwert, das Rosa, suggeriert Milde, Zuneigung und Weiblichkeit ebenso wie Gesundheit, Temperament und Optimismus. Lila, Violett und Malve sind im Spektralkreis zwischen Rot und Blau angesiedelt, wo die warmen und kalten Farben aufeinandertreffen. Lila kann daher sowohl warm als auch kalt wirken. Diese Farben stehen für Sensibilität, Wissen, Heiligkeit, Güte, Nostalgie und Leid. Kräftiges Weinrot strahlt Selbstachtung und Vertrauen aus. Violett ist die Farbe von Maria Magdalena und dem Gott Jupiter. Die zarteren Fliedertöne sind die Kennfarben der Sinnlichkeit und der Verzauberung und werden mit gutem Geschmack und dem Verständnis von Kunst, Musik, Philosophie und Ballett verbunden. Gewagte Rottöne kommen scheinbar auf Sie zu und können dazu genutzt werden, ein riesiges Zimmer kleiner, wärmer und einladender aussehen zu lassen. Ein kaltes Bad mit klinisch-weißen Sanitärobjekten und Fliesen läßt sich mit einem dezenten Farbkonzept in Rosé und Rosenrot viel freundlicher gestalten. Wenn man aber wahllos mit flammenden Rottönen agiert, können sie eine klaustrophobische und überreizte Stimmung erzeugen. Ein

Einrichtungskonzept, das intensive Rot- und Grüntöne (die Komplementärfarbe von Rot) enthält, wirkt stark stimulierend und eignet sich am besten für Bereiche, in denen man sich nicht lange aufhalten soll, zum Beispiel das Badezimmer für die ganze Familie oder eine kalte, zugige Diele.

Wie Rot wirkt auch Lila in seinen intensivsten Tonwerten lebhaft und edel und kann deshalb wahrlich überwältigend sein. Es braucht daher den Kontrast mit Pastelltönen oder zurückhaltenden Neutralfarben. Ein Ton-in-Ton-Konzept aus Lila-Violett-Abstufungen mit Weiß, Schwarz und Grau verleiht einem steifen, unpersönlichen Raum eine moderne Kulisse – besonders in einem Zimmer mit gotischem Touch, wo schmiedeeiserne Raumobjekte die schwarzen Akzente setzen können. Die leicht ins Grau spielenden oder pflaumenfarbenen Rotlilatöne wirken warm und einladend und sehen in der richtigen Umgebung – einem imposanten Entrée, einem förmlichen Speisezimmer oder einem opulenten Schlafzimmer – sehr elegant aus. Lila war lange Zeit eine vergessene Farbe, feiert aber zur Zeit ein glänzendes Comeback, vor allem im Bad. Es ist zudem eine überraschend effektvolle, wenn auch selten verwendete Küchenfarbe – lila verflieste Wände und ein Boden in dunklerem Grau-Violett können der perfekte Hintergrund für eine Einbauküche in dunklem Tannengrün oder für freistehende Küchenmöbel in blassem Grün sein. Die an Lila angrenzenden Farben auf dem Spektralkreis sind Blau auf der einen und Rot auf der anderen Seite. Blaulila- und Violettöne sind herrlich erfrischend und, wenn man sie mit Blau- oder Grünschattierungen verbindet, eine gute Kombination für eine warme Küche oder einen sonnigen Wintergarten. In Verbindung mit den wärmeren Nachbarfarben können sie sehr gemütlich wirken.

Handgeformte und -bemalte, glasierte Fliesen aus Mexiko
Diese Fliesen sind so geformt, daß sie um ein Handwaschbecken mit dem gleichen stilisierten Blütenmotiv passen.

Brasilianische glasierte Wandfliesen aus Keramik
Die dunkelrote Fläche sieht mit dem Mosaikrand großartig aus. Die Blauschattierungen mit den weißen Fugen wirken beruhigend.

Handgemachte, glasierte Wandfliesen aus Frankreich
Diese Fliesen in leuchtendem Rosa werden oben von einer weißen Blattreliefbordüre eingefaßt und unten von einer roten Leiste begrenzt. Die Mittelrauten in Weiß und Rot zeigen die unterschiedlichen Effekte, die man mit einem einfachen Farbwechsel erzielen kann.

Handgemachte Bodenfliesen aus Marokko
Diese Fliesen wurden aus Stein, Marmor und einer weißen Zementmischung im althergebrachten Enkaustik-Verfahren hergestellt. Schlichte, im Rautenmuster verlegte Fliesen, rundum abgesetzt mit einem Randdekor, vermitteln den Eindruck einer dekorativen Brücke.

Rote Fliesen haben ein Spektrum von zartestem Rosé über gedecktes Rosenrot bis hin zu Karmin- und Scharlachrot. In Verbindung mit floralen Designs wirken diese Farben einfach umwerfend.

Glasierte Wandfliesen aus Italien
Diese frostbeständigen Fliesen tragen strahlende Motive, eingerahmt in einen roten Hintergrund, und Streumuster in Rot, Weiß, Schwarz und Blau. Experimentieren Sie mit den völlig unterschiedlichen Effekten, die diese Muster in Kombination mit schlichten weißen oder schwarzen Fliesen erzeugen.

Glasierte Wandfliesen aus Italien
Moderne, abstrakte Muster, entweder über die ganze Fliese verteilt oder als Umrandung einer schlichten weißen Mitte, wirken hell und fröhlich. Die beiden dominierenden Farben dieses Designs sind Rot und Gelb, stellen Sie die gemusterten Fliesen daher mit schlichten Fliesen in diesen Farbtönen zu unkonventionellen Effekten zusammen.

Glasierte Wandfliesen aus Italien
Verwenden Sie solch ein schnittiges Dekor nur auf ebenen und vollkommen quadratischen Wänden – es könnte sonst so aussehen, als würden die Fliesen »abrutschen«!

Mattglasierte Wandfliesen aus Italien
Der zurückhaltend horizontale Effekt wird durch die Kombination von Pink, Rot und Weiß erzielt – eine effiziente Dekoration, um eine schmale Wand mit schlichten Fliesen optisch zu erweitern.

Glasierte Wandfliesen aus Spanien
Signalrote Einlegequadrate verteilen sich im Karomuster zwischen den weißen Achteck-Fliesen. Diese werden von einem schmalen, rotweißen Rautenmuster und einer erhabenen Profilleiste eingefaßt.

Handglasierte Wandfliesen
Diese kräftigen Rosa-Violett-Töne würden mit den passenden oder im Ton harmonierenden Handwaschbecken oder Musterfliesen besonders gut aussehen.

Glasierte Wandfliesen aus Frankreich
Eingestreute, abstrakt gemusterte Dekorfliesen werden hier mit lilafarbenen und grünen einfarbigen Fliesen verbunden. Sie sind ideal für ein Kinderzimmer oder ein Familienbad.

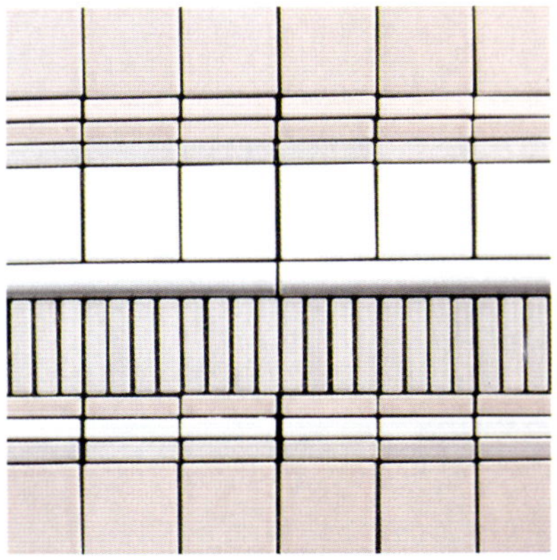

Wandfliesen und Riemchen mit Porzellanglasur
Diese Fliesen erzeugen einen reizvoll strukturierten, geometrischen Effekt – ideal für Badezimmer und Duschen.

Italienische Strukturfliesen aus gebranntem Ton
Mit ihren herrlichen, satten Amethystfarben und ethnischen Mustern lassen sich diese Fliesen zu Wandplatten, Rahmen etc. zusammenstellen. Das Strandmotiv macht sie wie geschaffen für das Bad, aber sie müssen – nach Möglichkeit vor dem Verlegen – mit einer ins Material eindringenden Lackschicht versiegelt werden, da sie sonst – wichtig für den Duschbereich – nicht wasserfest sind.

Glasierte Wandfliesen aus Keramik
Mit diesen handkolorierten Fliesen entstehen unregelmäßige Rosé-Schattierungen. Die Riemchen in dunklerem Pink und Weiß bilden das Bindeglied zu der pastellblauen Bordüre.

Handgefertigte und -geformte Wandfliesen mit dicker Glasurschicht aus den USA
Verlegen Sie solche Fliesen in Bädern, Küchen und Wirtschaftsräumen, zusammen mit den passenden Einfassungen, Reliefleisten und anderen Formen. Die satten Farben gehen quer durch das gesamte Spektrum, vom hellen Rosa bis zum dunklen Blauviolett, und erwärmen auch das kälteste Badezimmer.

Es gibt viele wunderschöne Schattierungen in Rosa und Lila, die dem Raum eine sanfte Wärme geben, besonders in Verbindung mit strukturierten Materialien oder bestimmten Techniken des Farbauftrags, wie der Tupfentechnik.

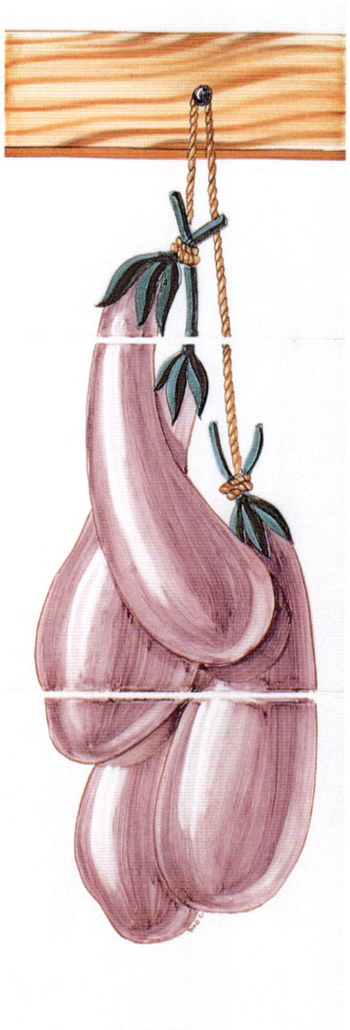

Französische glasierte Wandfliesen aus Keramik
Diese Karos und geometrischen Minimuster wurden von Hand gemalt. Man kann die Fliesen für ein Patchwork-Muster und/oder in Verbindung mit rosafarbenen oder weißen Grundfliesen verwenden.

Glasierte Wandfliesen
Ein Wandpaneel läßt sich aus verschiedenen Bausteinen zusammenstellen. Die mittlere Reihe aus quadratischen Fliesen wird von einer Reihe weißer Fliesen eingefaßt, die ein Viertel der mittleren Größe aufweisen, und zuletzt von einer floralen Bordüre. Die unterschiedliche Größe der Fliesen machen das Ganze optisch interessanter. Obwohl die mittlere Fliesenreihe überwiegend blau ist, wird sie ganz leicht mit abgestuften Rottönen überschattet, um dem Design eine subtile und dennoch effiziente Wärme zu verleihen.

Italienische Strukturfliesen aus Ton
Hier bilden kräftige Lilaschattierungen in Verbindung mit ethnischen Mustern ein hinreißendes Wandpaneel. Das Wüstenmotiv der Fliesen macht sie ideal für Wintergärten oder Bäder.

Handbemalte und glasierte Wandfliesen
Dieses Bündel üppiger Auberginen sieht aus, als hinge es von einem Kiefernbrett herab. Verbinden Sie drei davon zu einem dekorativen Fliesenbild oder verwenden Sie sie als Einzelelemente.

Glasierte Fliesen aus Keramik und Terrakotta
Diese Kombination unterschiedlich großer Fliesen mit dezenten Arts-&-Crafts-Glasuren erzielt einen dramatischen Effekt. Man kann sie auf (weniger strapazierten) Böden, Arbeitsplatten, um Kamine und Öfen, als Wanddekor und auf Sockelzonen verlegen. Die rötliche Glasur ist am Außenrand intensiver und lenkt so die Aufmerksamkeit auf den helleren Mittelbereich.

Handbemalte, glasierte Wandfliesen aus Brasilien
Hier wird ein abstraktes Fünfziger-Jahre-Muster als Bordüre verwendet, um ein Dekor aus einfarbigen Fliesen einzufassen.

Französische Wandfliesen aus Keramik
Pastellrosa und graugrüne Fliesen wirken in Badezimmern sehr apart. Die eingekerbten Rautenmuster auf den Riemchen sehen nach Handarbeit aus, was durch die dicke weiße Verfugung und die Zusammenstellung der unterschiedlich geformten Fliesen zusätzlich betont wird.

Industriell gefertigte, glasierte Wand- und Ofenkacheln
Dieses authentische Art-deco-Design basiert auf den etablierten Mustern dieser Stilepoche. Weiche Pink- und Lilatöne werden mit Schwarz und Grau zu einem kultivierten Farbschema verbunden. Mit den verschiedenen Fliesen kann man ein Wanddekor aufbauen, Kaminsäulen verzieren, ein gestalterisches Detail konturieren oder eine dekorative Sockelleiste herstellen.

Gedämpfte Rosé-Schattierungen haben starke Ähnlichkeit mit Terrakotta und strahlen ebensoviel Wärme aus. Diese Farben sind schön für schlichte Fliesen in einem geometrischen Design oder in Verbindung mit floralen Mustern.

Handgeformte Terrakottafliesen aus Spanien
Diese schlichten, für Wand und Boden geeigneten Fliesen sind von einem hinreißenden Mosaik umgeben, das aus einer ganzen Farbpalette besteht. Die Fliesen sind porös und müssen daher versiegelt werden.

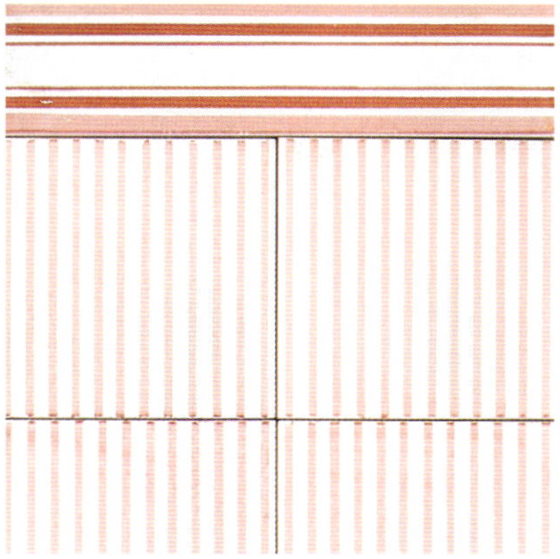

Glasierte Wand- und Bodenfliesen aus Italien
Diese stilvollen minimalistischen Streifen in klarem Rot kann man mit einer passenden Querstreifenbordüre kombinieren, wenn man die Fliesen an der Wand verlegen will.

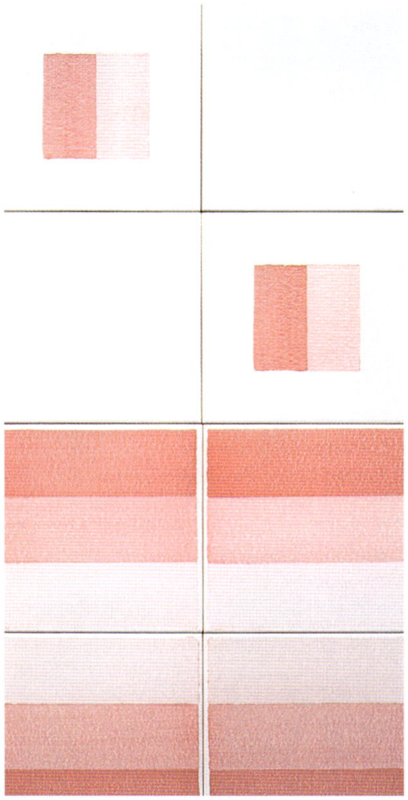

Glasierte Wandfliesen aus Italien
Diese Fliesen zeigen flächige und gestreifte geometrische Ton-in-Ton-Effekte auf weißem Grund. Passend abgestimmt und kombiniert, können sie dekorative und ungewöhnliche Mustereffekte mit schlichten Fliesen bilden.

Glasierte Keramikfliesen
Die obere Reihe aus weißen und rosafarbenen Dreiecken würde sich gut als Einstreudekor zwischen türkisfarbenen Fliesen eignen. Die untere Reihe ergäbe auch eine attraktive Bordüre für eine leere Wand.

Handwerklich gestaltete, rustikale Reliefkacheln
Dieser Fächerfries mit Widderkopf-Einlegern hat ein gotisches Flair und ergibt eine formvollendete Bordüre für einen Kamin. Außerdem kann man die Fliesen für Wände und Außenfassaden verwenden.

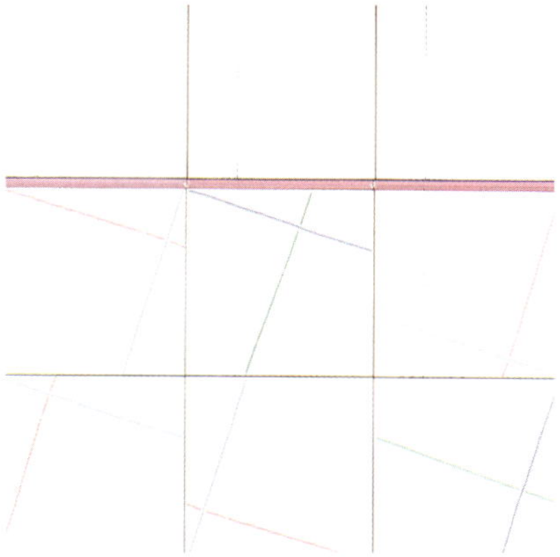

Glasierte Wandfliesen aus Italien
Das »schräge« abstrakte Muster in zarten Pinktönen verbindet sich mit dem dunkleren Pink an der Kante der Randfliesen und ist ideal für Badezimmerwände.

Handverzierte, glasierte Wandfliesen
Hier wurden florale Motive mit harmonierenden, schlichten Fliesen in verwaschenen Rottönen zu einem Wanddekor mit Schachbretteffekt kombiniert.

Glasierte Relieffliesen
Trauben und Weinblätter in warmen Erdfarben rahmen einen Wandstreifen aus passenden Feldfliesen ein. Diese Fliesen kann man für Bordüren, Fliesenbilder, Muster oder als eingestreute Einzelmotive an Wänden oder um Öfen und Kamine verwenden.

Glasierte Wandfliesen aus Keramik
Von dunklem Karminrot bis zu Altrosa sind Fliesen in Rottönen die perfekte Umgebung für einen Kamin, da sie die Zimmerwärme optisch unterstreichen. Diese Grundfliesen, Riemchen und floralen Einstreumotive haben ein traditionelles Flair.

Glasierte Tonfliesen aus Spanien
Die rote Blumenbordüre ist mit einem violetten Streifen eingefaßt, um das mittlere Fliesendekor von der Umrandung abzusetzen. Ein farbiger Fugenmörtel hätte denselben Effekt.

Handbemalte, mattglasierte Fliesen
Diese Fliesen bilden ein munteres Wandbild aus bunten Blumen, die einer passenden Vase »entspringen«. Die weich fließende Blätterbordüre greift die Blätter aus dem Strauß auf. Das Bild eignet sich als zentraler Blickfang in einer schlichten gefliesten Wand oder auch als hübsche Wandverkleidung in einer fensterlosen Ecke.

Fliesen mit Bildmotiven sind fast überall erhältlich und als Einstreuer für Wände und Arbeitsflächen auf Unterschränken zu verwenden. Sie sind eine ebenso einfache wie effiziente Möglichkeit, einen schmucklosen Wandbereich zu beleben.

Glasierte Wandfliesen aus Keramik
Diese Bildplatte wurde so bearbeitet, daß ein kunsthandwerklicher Eindruck entsteht. Mit ihren Herbstfrüchten und -blättern und der Amsel-Bordüre wirkt sie ausgezeichnet in der Küche, besonders wenn diese keinen Ausblick hat.

Im Siebdruckverfahren dekorierte, glasierte Wandfliesen
Dieses Bilddekor mit dem fließenden, floralen Design in Rosé- und Grüntönen besteht aus zwölf Fliesen, wobei sich das auffälligere Blütenbouquet über die mittleren Fliesen zieht.

Handdekorierte Kacheln mit hitzefester Glasur
Mit diesen Kacheln im viktorianischen Stil kann man zum einen Paneele, Bordüren, Sockel und so weiter dekorieren; man kann sie aber auch als Kamineinsatz verwenden und so einen klassischen Look kreieren.

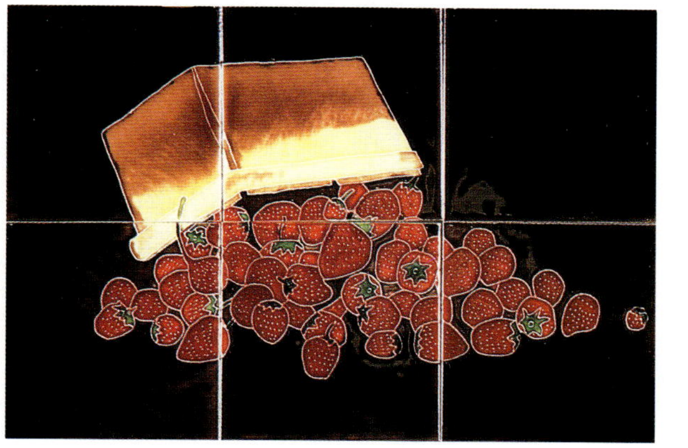

Amerikanische glasierte Wandfliesen aus Keramik
Dieses Fliesendekor zeigt ein Körbchen mit leckeren Erdbeeren zum Greifen nahe – ideal für Küchen und zur Verkaufsförderung.

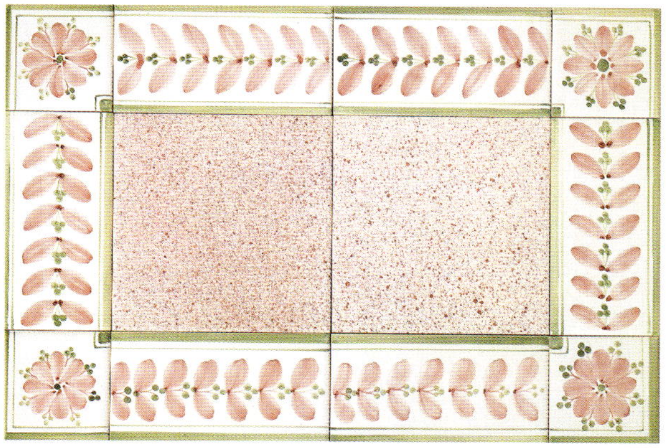

Handdekorierte, glasierte Wandfliesen
Dieses Wanddekor macht sich gut in Bädern, Duschen, Küchen oder Kaminecken. Es kann sehr wirkungsvoll über einer Spüle, Badewanne oder einem Ofen angebracht werden oder als ein interessanter Blickfang auf einer kahlen Wand. Die Bordüre kann einen Wandschutz nach oben abschließen oder eine Sockelleiste bilden.

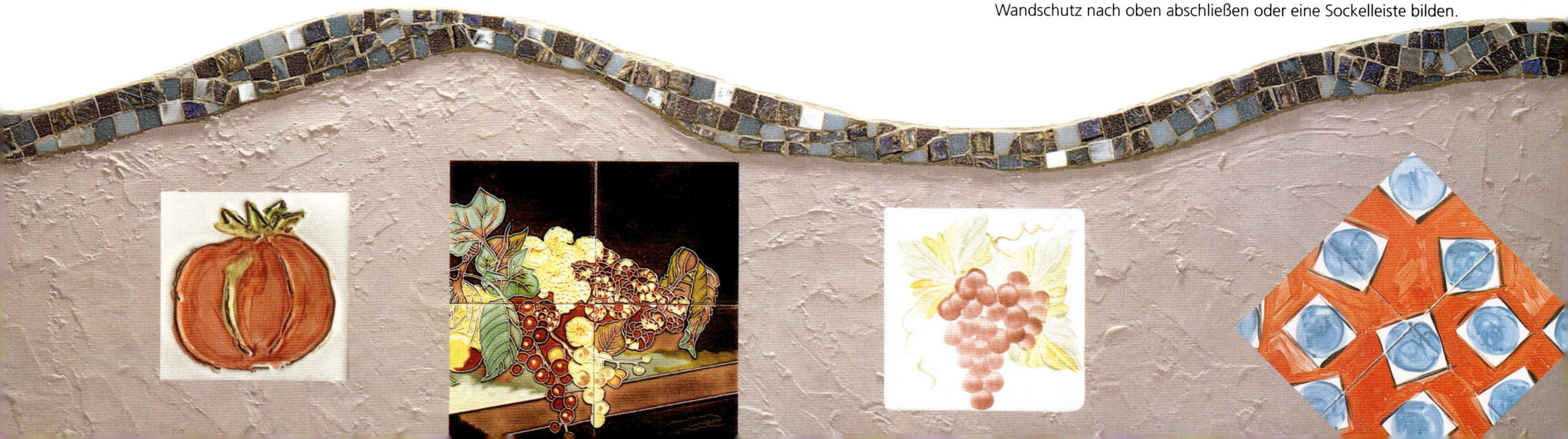

PULSIERENDES ORANGE

ORANGE GEHÖRT ZU DEN WÄRMSTEN FARBEN. DIE KRÄFTIGEN TONWERTE SIND FAST SO INTENSIV UND HERVORTRETEND WIE ROT UND WERDEN IN FREIER NATUR MIT KÜHLEREN TÖNEN GEBÄNDIGT. DIE HELLEREN, ZURÜCKHALTENDEREN TÖNE UND NUANCEN SIND WARM UND ANGENEHM. SEINE KOMPLEMENTÄRFARBE IST BLAU.

ORANGE
FLIESEN AUSWAHL

Orange ist eine der wärmsten Farben und in seinen kräftigen Tonwerten durchdringend, dominierend und fast so intensiv und hervortretend wie Rot. Die zarten, dezenteren Töne und helleren Nuancen wie Pfirsich, Apricot, Melone und Terrakotta sind warm und angenehm und fungieren, ähnlich wie Gelb, als Sonnenfarben. Orange ist zudem eine Erdfarbe. Tonarten in dunklem Orangebraun verwendet man für Boden- und Wandfliesen. Kupfer und Bronze sind beides Orangeschattierungen mit metallischem Schimmer, und Topas, Bernstein und Zitrin (gelber Bergkristall) gehören zu den Edelsteinen. In freier Natur findet man diese Farben an exotischen Vögeln, Schmetterlingen und Fischen; Sommerbeete strahlen vor orangefarbenen Blüten, und der Herbst erglüht in der farblichen Vielfalt von buntem Laub und Erntefrüchten.

Orange verbindet die physische Kraft von Rot mit der Intelligenz von Gelb. Mischt man diese beiden Farbtöne, erhält man reines Orange. In der Wappenkunde symbolisiert es Stärke und Ausdauer, und in der griechischen Mythologie verbindet man Orange mit Zeus, dem Göttervater. Im Buddhismus steht Orange für Demut – daher die safrangelben Mönchsgewänder. Für die Japaner und Chinesen ist Orange die Farbe der Liebe und des Glücks – für die Europäer die der Versuchung: In alten Gemälden wird Adam von Eva nicht selten mit einer Orange oder einem Pfirsich statt eines Apfels verführt. Kastanienrotes Haar wird ebenfalls mit Verführung gleichgesetzt – in der Malerei tragen die romantischen Heldinnen langes, volles, »tizianrotes« Haar, und im Alten Rom färbten die Frauen ihr Haar mit Henna, um ihrem

Gatten zu gefallen. Leuchtendes Orange ist sehr stimulierend, kräftigere Töne sollten daher den kleineren Flächen im Raum vorbehalten bleiben, als Akzent oder in durchgehend gemusterten Flächen Verwendung finden. Orange in Verbindung mit seiner Komplementärfarbe Blau oder mit Schwarz, Grau und Weiß verwendet man am besten in Räumen, die nicht der Entspannung dienen – zum Beispiel in Spielzimmern.

In freier Natur werden die eher feurigen Orangetöne fast immer von einem kühlen grünen Hintergrund gemäßigt, vor einen strahlend blauen oder neblig grauen Himmel gesetzt oder in Zusammenhang mit sattem Erdbraun oder Natursteinen und -hölzern gesehen. Jede dieser Farbkombinationen kann man gut ins Haus holen und so eine Atmosphäre der Wärme und des freundlichen Empfangs schaffen. Zurückhaltende Schattierungen in gebranntem Siena oder Kastanienbraun in Verbindung mit Cremebeige und Hellblau sind die traditionellen Farben der viktorianischen Enkaustik-Fliesenböden. Einen Ton kräftiger suggerieren diese Orangeschattierungen in Verbindung mit Blau, Jade und Ocker ein mediterranes Ambiente.

Auch die intensiveren, dunkleren Orangewerte benötigen neutrale Farbtupfer ebenso wie Farbkontraste, damit ihre Vorzüge voll zur Geltung kommen. Schwarz, Weiß und Grau sehen besonders gut aus zu Terrakottatönen – eine solch »etruskische« Kombination war im 17. und 18. Jahrhundert sehr beliebt und ruft Erinnerungen an Josiah Wedgwoods »Jasperware« wach (Steingut aus mit Feuersteinpulver versetztem Töpferton). Die helleren Töne wie Pfirsich oder Apricot schaffen eine entspanntere, natürlichere Grundstimmung und können manchmal ebenfalls einen Hauch neutraler Farbe, ein sattes Kastanien- oder ein dunkles, warmes Erdbraun zum Ausgleich vertragen.

Handgearbeitete und -gemalte, glasierte Wandfliesen aus Mexiko
Verwenden Sie diese Fliesen als Einstreumotive oder machen Sie daraus ein thematisch ausgestaltetes Bilddekor.

Handdekorierte, glasierte Wandfliesen
Inspiriert von islamischem Dekor und den William-Morris-Blüten aus viktorianischer Zeit, wird hier weiches Terrakotta mit seiner Komplementärfarbe Blau kombiniert. Man kann die Zusammenstellung und Farbkombination in mehrfacher Hinsicht abwandeln, um unterschiedliche traditionelle Effekte zu erzielen.

Glasierte Wandfliesen aus Keramik
Sanftes Apricot und schlichte weiße Fliesen geben dieser Wand ein sauberes, sommerliches Erscheinungsbild. Spuren von Blau und Gelb setzen ein Schlaglicht auf die Musterbordüre und die eingestreuten Dekorfliesen.

Portugiesische handgemalte, glasierte Wandfliesen aus Keramik
Das traditionelle Blütenmotiv bildet ein geometrisches Muster, wenn man es zu einem Spritzschutz, Wanddekor oder Sockel zusammenstellt. Die einzelne Dekorfliese kann man als Bordüre für eine im Farbton passende Fläche aus einfarbigen Fliesen verwenden.

Französische Wandfliesen mit Fayence-Glasur
Diese Fliesen kann man mit einfarbigen Fliesen kombinieren und so in Bädern, Küchen, Wirtschaftsräumen, Wintergärten, Foyers etc. einen Sockeleffekt erzeugen. Im Ganzen gesehen wirkt dieses Dahlien-Design wie ein sommerlich blühender Blumenkasten.

Schlichte Terrakottafliesen sind ideal, wenn ein erdiger, rustikaler Look gewünscht wird. Sie wirken als Hintergrund für bildhafte Streumotive und Bordüren ebenso attraktiv wie in geometrischen Designs.

Handdekorierte, glasierte Fliesen
Diese Fliesen stellen Früchte in herbstlichen Farben dar, die aus einem rustikalen Korb kullern. Sie sind ideal für die Spüle oder Arbeitsplatte in der Küche, für den Spritzschutz oder den Bereich hinter dem Ofen.

Handgeschnittene und -dekorierte, glasierte Wandfliesen aus Mexiko
Die mittleren, reinweißen Fliesen innerhalb der orangeblauen Bordüre wurden diagonal verlegt, um das Ganze optisch noch interessanter zu gestalten.

Handgearbeitete Mosaikbordüren
Als Zickzack-, Schnörkel- oder Wellenmuster in einen Terrakottaboden verlegt, bilden diese Fliesen ein dekoratives Design – ideal für Böden, wo die Mosaikbordüre gestalterische Details konturieren oder den Raum unterteilen kann.

Handdekorierte Wandziegel aus Lehm
Schlichte Fliesen sind durchsetzt mit strahlend bunten Bildmotiven und kontrastierenden türkisblauen Riemchen; ideal für ein Bad oder Kinderzimmer.

Unglasierte Bodenfliesen aus Terrakotta
Diese sechseckigen Fliesen ohne jegliche Einlagen bilden ein klassisches Patchwork-Muster. Sie sind von Hand geformt und geben eine warme Fläche ab.

Handgearbeitete, unglasierte Bodenfliesen aus Terrakotta
Diese charakteristischen Bodenfliesen in gebranntem Siena kann man auch mit Einsatzsteinen derselben Farbe kombinieren und so ein traditionelles geometrisches Muster aufbauen.

Handgearbeitete, unglasierte Bodenfliesen aus Terrakotta
Von Rhomben eingeschlossene, quadratische Fliesen bilden hier ein klassisches Design im warmen Ton gebrannter Ziegel.

Handgearbeitete, unglasierte Bodenfliesen aus Terrakotta
Diagonal verlegte Fliesenquadrate werden hier mit gleich großen Quadraten umrandet und bilden so einen klassischen geometrischen Effekt. Schlichte Fliesen lassen sich auf vielfältigste Weise zu einem Design zusammenstellen, ohne selbst gemustert zu sein.

Handgearbeitete, wieder aufgearbeitete alte Bodenfliesen aus Terrakotta
Diese Fliesen sind im Backsteinmuster verlegt; die eingestreuten Dekorfliesen bringen zusätzlich Farbe und machen das Muster interessanter. Rechteckfliesen kann man für Fischgrätmuster oder Bordüren verwenden oder um einzelne Raumbereiche voneinander abzugrenzen.

Terrakottafliesen sind ungemein beliebt. Da sie in den meisten Fällen als Bodenbelag genutzt und zu einem geometrischen, traditionellen Backsteinmuster verlegt werden, sind sie in den unterschiedlichsten Formen erhältlich.

Italienische glasierte Bodenfliesen aus gebranntem Ton
Dieser dezente Schablonen- oder Batik-Look ist ideal für Küchenböden und Arbeitsplatten. Er ist eine ideale Umrandung für einen einfarbigen wie für einen gemusterten Boden.

Amerikanische Bodenfliesen aus Terrakotta mit Inlet
Das überlieferte Muster in dezentem Blau ergänzt das charakteristische Orange. Diese Fliesen kann man zusammen mit schlichten Terrakottafliesen im Schachbrettmuster oder als elegante Bordüre verlegen.

Glasierte Steinzeugfliesen
Kreuze im Kreisdesign umgeben ein Patchwork aus blauen und terrakottafarbigen Fliesen, so daß ein Gotik-Look entsteht. Diese Fliesen sind für Wände und Arbeitsflächen geeignet.

Glasierte Steinzeugfliesen
Dieses herrliche Gotik-Muster zeigt kräftige, aufregende Farbkombinationen und eignet sich für Wände und Arbeitsplatten.

Glasierte Wandfliesen
Hier hat man einfarbige Fliesen mit einem Schachbrett- und Sternenrand sowie einem gekerbten Karnies kombiniert, um eine elegante, traditionelle Sockelzone zu gestalten.

Handgearbeitete, unglasierte Bodenfliesen aus Terrakotta
Diese Fliesen wurden mit dunklen Riemchen und leuchtenden Einlegern zu einem klassischen geometrischen Muster angeordnet.

Glasierte Steinzeugfliesen
Dunkle Rottöne und rustikales Terrakotta, abgesetzt gegen eine blaue Musterbordüre, erzeugen hier unverkennbar einen Hauch der Arts-&-Crafts-Bewegung. Die Fliesen eignen sich für Wände und Arbeitsplatten.

SONNIGES GELB

GELB IST DIE FARBE DER SONNE. SIE BRINGT EIN GEFÜHL VON LICHT UND WÄRME IN EIN KALTES, DUNKLES ZIMMER. HELLERE TONWERTE ERZEUGEN EINEN GERÄUMIGEN EINDRUCK, BESONDERS IN VERBINDUNG MIT EINER GLÄNZENDEN OBERFLÄCHENSTRUKTUR. DIE KOMPLEMENTÄRFARBEN SIND VIOLETT UND LILA.

GELB

FLIESEN AUSWAHL

Gelb ist die Farbe der lebensspendenden Sonnenstrahlen und wird mit Wohlgefühl, Intellekt und kreativer Energie assoziiert. Gelb suggeriert Macht, Reichtum, Königswürde und Pomp. In der Wappenkunde symbolisiert es Ehre und Loyalität. Für die Hindus ist Gelb die Farbe des Lebens und der Wahrheit; im Alten Griechenland und Rom repräsentierte es die Kunst und die Gelehrsamkeit, und es war die Farbe der Athene, der Göttin der Weisheit. Gelb wird zudem eng mit der Natur in Verbindung gebracht – es ist die warme, einladende Farbe der Frühlingsblumen, die nach trüben Wintertagen wieder zum Vorschein kommen, von den zarten Primeln bis zu den auffälligen Osterglocken. Sämtliche Schattierungen in klarem Sonnen-, Sand- und Sonnenblumengelb, die man mit Sommer und blauem Himmel assoziiert, kontrastieren gut mit den vollen, glühenden Gold- und Bronzetönen von Herbstlaub und reifem Korn.

Gelb ist eine warme, hervortretende Farbe und hat einen hohen Reflexionswert. Gelb in allen seinen Varianten – von greller Zitrone bis opulentem Gold – bringt ein Gefühl von Sonne, Licht und Wärme in jedes kalte, dunkle Zimmer oder erhellt eine von Bäumen oder hohen Gebäuden überschattete Ecke. Die helleren Tonwerte erzeugen den Eindruck von Geräumigkeit, besonders wenn man sie auf glänzenden Flächen verwendet, um die Lichtreflexion zu maximieren. Ein Zitronen- und Grapefruitgelb läßt sich gut mit anderen Zitrusfarben wie Limone, Mandarine und Dattelpflaume verbinden, um ein ausgewogenes Farbmuster in Küche oder Bad zu schaffen. Oder man erzeugt mit klaren

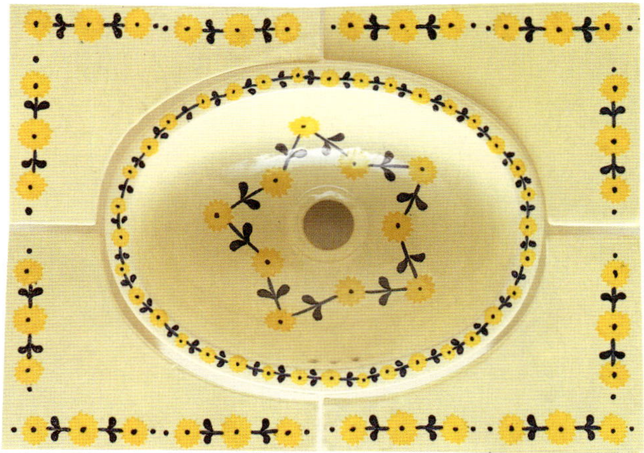

Gelbtönen, die man mit den Grün- und Fresienfarben wie Magenta, Mauve, Lila und Pink mischt und mit Weiß aufpeppt, eine romantische Stimmung im Schlafzimmer.

Faszinierende Effekte können entstehen, wenn man warme, hervortretende Farben mit kühlen, zurückweichenden kontrastiert. So ist die Wärme eines Gelbtons, ausgeglichen durch ein glänzendes Blattgrün, eine Kombination, die in freier Natur oft zu sehen ist – denken Sie an Osterglocken oder Sonnenblumen. Es gibt zahllose solcher Kombinationen mit unterschiedlicher Wirkung, und die warme Farbe erscheint immer dominant. Um eine Balance von 1:1 zu erzielen, kontrastiert man ein Drittel warmer mit zwei Dritteln kalter Farben. Gelb sieht auch allein, in einem Ton-in-Ton-Konzept gut aus, solange reichlich Farb- und Strukturkontraste vorhanden sind.

Die Komplementärfarben von Gelb sind Lila, Violett oder Purpur, und zusammen kann diese Kombination visuell sehr stimulierend sein. Die Töne sollten daher abgewandelt werden, um einen dezenteren Effekt zu erzielen – zum Beispiel kann man helles Primelgelb mit einem bläulichen Purpur oder einen warmen Goldton mit einem Hauch von Messing mit Lavendel kombinieren.

In einem großen, ungemütlichen Entrée oder einschüchternden Gesellschaftsraum kann man Gelb mit anderen warmen Farben verbinden und so eine Atmosphäre behaglicher Intimität erzeugen. Wenn man es zusammen mit Terrakotta, bräunlichen und bläulichen Rottönen, kräftigem Fuchsia oder selbst Scharlachrot einsetzt, bildet Gelb das helle, beruhigende Moment in einem gewagten, faszinierenden Farbschema. Derart kräftige Farbspiele bedürfen eines Ausgleichs durch eine neutrale Farbe; zusammen mit Schwarz und Mahagoni wird eine Grundstimmung im Empire- oder Orient-Stil geschaffen.

Handbemalte, glasierte Wandfliese
Diese Fliese sieht aus wie ein klassisches Delfter Wandbild. Sie ist mit einem schmalen Schlickerrand und Eckelementen in der Grundfarbe eingefaßt, die ein Pinselstrichdetail in einer Kontrastfarbe aufweisen, und dient als Einstreumotiv oder als Akzentuierungsfliese.

Handdekorierte, glasierte Wandfliesen
Dieses aus 12 Fliesen mit Blumenmotiven zusammengesetzte Wandpaneel gaukelt eine Frühlingswiese voller strahlend gelber Narzissen vor. Die Randfliesen könnte man auch dazu verwenden, um einen Spritzschutz aus einfarbigen Fliesen nach oben abzuschließen.

Handgearbeitete und -gemalte, glasierte Wandfliesen
In Verbindung mit schlichten Fliesen in abgetöntem Weiß bilden diese Fliesen ein dekoratives Gesamtbild aus strahlend gelben und grünen Osterglocken, das wie ein Blumenkasten im Frühling aussieht. Verwenden Sie diesen Fliesentyp für Wandbilder, einen Spritzschutz oder als tragendes Element in einem kalten, dunklen, sonnenarmen Raum. Glasierte Keramikfliesen reflektieren das Licht, und Gelb ist als Farbe besonders gut geeignet, um ein Gefühl von Geräumigkeit und Licht zu erzeugen.

Glasierte Wandfliesen
Das mittlere Wandbild aus neun Fliesen stellt einen ländlichen Keramikkrug voller gelber Blumen dar. Hier wird es mit sechs kulinarischen Randfliesen kombiniert.

Früchte und Blumen in sonnigen Gelbschattierungen sind für den häuslichen wie auch den gewerblichen Bereich ideal, wie zum Beispiel in Restaurants oder Reformhäusern.

Italienische handgearbeitete Wandfliesen aus Terrakotta mit Majolika-Glasur
Diese klassischen, rustikalen Fliesen tragen ein Zitronenbaum-Randdekor in knalligem Gelb und Grün auf weißem, krakeleeglasiertem Grund und mit passenden Eckfliesen.

Handgemaltes, glasiertes Fliesenwandbild
Dieses sechsteilige Wandmotiv sieht aus wie eine authentische botanische Zeichnung und erinnert an alte Drucke. Man kann damit ein Wandbild oder einen Fries herstellen. Kräftiges Ocker und Rosarot wird mit silbriggrünen Blättern auf cremefarbigem Grund kombiniert.

Portugiesische glasierte Wand- und Ofenkacheln
Diese hübschen bäuerlichen Kacheln kann man auch für Arbeitsflächen auf Unterschränken oder auf einem (wenig strapazierten) Fußboden verwenden und damit fließende florale Muster erzeugen.

Glasierte Wand- und Ofenkacheln aus Portugal
Diese Kacheln bilden eine extravagante Bordüre und könnten zum Beispiel ein Fliesenbild und eine Sockelzone abschließen oder einem herausragenden Raumobjekt den passenden Rahmen geben.

Glasierte Tonfliesen aus Spanien
Reife Früchte bilden eine dekorative Bordüre um vier krakeleeglasierte Fliesen, die mit einer pfirsichfarbenen Farbwäsche getönt wurden.

Handgearbeitete Wandfliesen aus Ton
Dieses blaugelbe, florale Spritzschutz-Fliesenbild erhält durch die erhabene Verfugung zusätzlich strukturellen Reiz.

Glasierte Fliesen aus Italien
Dieses traditionelle Schmuckbild aus vier Fliesen hat ein mediterranes Flair und suggeriert Sonne und warme Sommertage. Die scheinbare Drehbewegung wiederholt sich von Fliese zu Fliese und erzeugt so einen geometrischen Effekt.

Italienische glasierte Wandfliesen aus Keramik
Gelbe einfarbige Fliesen sind hier im Ziegelsteinverfahren verlegt, was die blauen Randstreifen optisch unterstreichen.

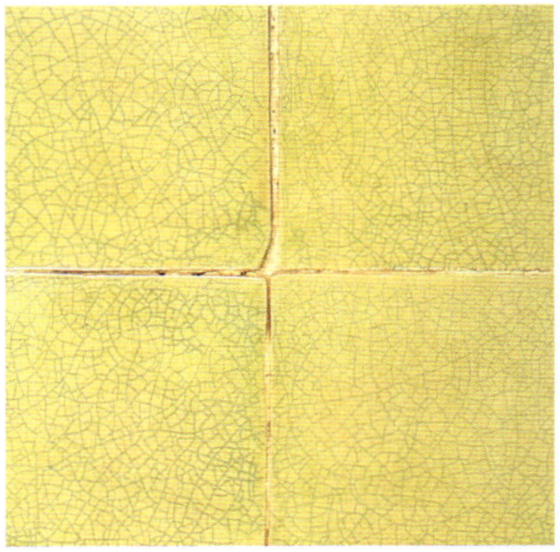

Mexikanische handgearbeitete, glasierte Wandfliesen aus Keramik
Klare, leuchtende Farben wie dieses Sonnengelb muntern jede kalte Küche und jedes Bad auf. Man kann diese Fliesen auch mit passenden Musterfliesen kombinieren.

Steinzeugfliesen mit geometrischen Mustern aus den USA
Diese Fliesen in Sonnenfarben und mit einer *cuerda-seca*-Glasur kann man als Bordüre, Einsatz oder Streumotiv verwenden, um einen schlichten Fliesenboden aus Steinzeug interessanter zu gestalten.

Glasierte Wandfliesen aus Italien
Eine schmale Reliefbordüre mit erhabenen Rauten fungiert als Brennpunkt zwischen den quadratischen Fliesen darunter und den länglichen darüber.

Glasierte Wandfliesen aus Italien
Hier hat man gelbe Fliesen mit leuchtender, leicht gewolkter Glasur im Rautenmuster verlegt, mit weißen Rauten und Dreiecken kombiniert und mit einer ausgeformten Kranzleiste in Dunkelgrün und Blau zu einer Bordüre zusammengestellt.

Glasierte Wandfliesen
Die gelb-weiße und pinkfarbene Fliesenbordüre bilden zusammen mit den kontrastierenden geometrischen Formen ein Wanddekor im Jugendstilmuster.

Handdekorierte, glasierte Wandfliesen
Das sich ganzflächig wiederholende Muster aus Früchten und Blättern ruft Erinnerungen an die fließenden floralen Designs der Arts-&-Crafts-Bewegung wach.

Auffällige, fröhliche Muster – Elefanten, Zirkusclowns, Blumen und abstrakte Formen – kennzeichnen diese gelben Fliesen und machen sie wie geschaffen für das Kinderzimmer.

Handgearbeitetes und -dekoriertes Fliesenbild
Diese handbemalten, glasierten Fliesen tragen ein Erntemotiv mit einem glänzenden Weizengarbenrelief. Sie sind ideal, um eine kalte Küche aufzuwärmen oder als Dekor in einer Bäckerei oder einem Restaurant.

Englische handgefertigte, glasierte Wandfliesen aus Keramik
Diese Fliesen ziert ein gelber Frosch auf weißem Grund. Hier bilden zwei Fliesen ein Bild, in dem der Frosch über die Fuge springt. Man kann auch noch weitere lustige Springfrosch-Sequenzen entwerfen, und man könnte sie mit einer Gerstenkranzbordüre in einem harmonierenden Gelbton oder einem kontrastierenden Grün oder Dunkelblau kombinieren.

Spanische handgearbeitete Wandfliesen aus Terrakotta
Die weiß glasierten Fliesen sind von Hand mit fröhlichen Speise- und Küchenmotiven bemalt, die zu einem interessanten Spritzschutz oder Wandbild zusammengestellt werden können. Dieses Design umfaßt Wein, Obst und Fisch – ideal für die Küche oder das Eßzimmer.

Handgemaltes Wandbild
Dieses Fliesenwandgemälde weist Sonnengelb, Creme, kräftiges Blau und zarte Grüntöne auf, um den Aufbau eines passenden Farbkonzepts zu erleichtern.

ERFRISCHENDES GRÜN

GRÜN IST DIE FARBE DER NATUR UND LÄSST AN WACHSTUM UND REGENERATION DENKEN. DIE MEISTEN GRÜNTÖNE SIND ZURÜCKWEICHEND UND ERHOLSAM. SIE KÖNNEN EINEN EINDRUCK VON WEITE ENTSTEHEN LASSEN UND EINEM FREUDLOSEN APARTMENT EINEN HAUCH VON FRISCHE VERLEIHEN. DIE KOMPLEMENTÄRFARBE IST ROT.

GRÜN

FLIESEN AUSWAHL

Grün ist die wahre Farbe der Natur und steht für Blätter, Flora, Felder und Wald. Grün verweist auf Wachstum und Regeneration, denn es ist die Farbe des frischen Blattgrüns. Grün ist immer ein wohltuender Anblick und eine wunderbare Erholung für müde Augen. In der Wappenkunde ist Grün die Farbe der Hoffnung und des Wachsens. Es ist die heilige Farbe des Islam, und in der christlichen Kirche symbolisiert das grüne Ornat die Auferstehung und das Ewige Leben. Die Griechen assoziierten es mit Aphrodite, Göttin der Liebe und der Fruchtbarkeit, und ihrer heiligen Pflanze, der immergrünen Myrthe. Grün ist eine ausgleichende Farbe; sie liegt mitten zwischen den warmen und den kalten Spektralbereichen. Grün kann dunkel, geheimnisvoll und manchmal gefährlich (Dschungelgrün) sein, »brillant« und stimulierend (Aquamarin, Smaragdgrün), kühl und elegant, wenn es sich seinen kälteren Spektralnachbarn nähert, und warm und einladend, wenn es gelb unterlegt ist. Die meisten Grüntöne sind zurückweichend und erholsam. Die helleren Tonwerte können ein kühles Ambiente und ein Gefühl von Geräumigkeit schaffen oder auch freudlosen Stadtwohnungen und tristen Souterrains einen Hauch von Frische verleihen.

Grün kann eine elegante visuelle Verbindung zwischen Garten und Wohnzimmer, Eßzimmer oder Wintergarten herstellen. Ein kühles Grün ist eine gute Wahl für die Küche, oft genug das heiße, dampfende Zentrum der Aktivität. Vergessen Sie die Auffassung, daß die Farben Grün und Blau sich nicht vertragen, denn mit dieser Kombination können Sie eine kühle, großzügige Atmosphäre schaffen. Wenn man dagegen intensive Grün- und

Rotwerte zusammenstellt (Rot ist die Komplementärfarbe), kann das ungemütlich wirken. Subtilere Schattierungen beider Farben erzeugen einen weicheren Effekt.

Ein ganz in Grün gehaltenes Ton-in-Ton-Schema erscheint dezent und großzügig und dabei kühl und elegant. Die hellste Variante sollte an der Decke, die dunkleren Schattierungen an den Wänden und ein mittlerer Ton am Boden Verwendung finden, während die dunkelsten Tonwerte den Möbeln und vielleicht den Lackarbeiten vorbehalten bleiben. Stellen Sie mit einer Neutralfarbe einen Zusammenhang zwischen all diesen Tönen her, und setzen Sie dann mit ein paar »warmen« Details und Accessoires Akzente. Farbwerte und Intensität der Grüntöne bestimmen die Tiefe der Akzentfarbe und sollten dem Stil des Raumes entsprechen.

Kombinieren Sie Grüntöne mit cremebeigen Neutralfarben, naturbelassenen Hölzern, Jute-, Seegras- und Binsenmatten sowohl in Wintergarten, Bauernküche und Eßzimmer als auch in einem Landhaus-Schlafzimmer oder einer Sitzecke. Und führen Sie die Blattpflanzen als Grünzonen wieder ein. Grün wird immer mit traditionellem Interieur verbunden, insbesondere dem der Gründerzeit und der Jahrhundertwende, als giftgrün bemalte oder geflieste Sockelzonen in Mode waren. Mit sattem Dunkelgrün zu dezenten Rottönen kann man einer großen Eingangshalle, einem Gesellschaftsraum, Arbeitszimmer oder einer Bibliothek ein schottisch prunkvolles Ambiente verleihen. Einen Gotik-Look erzielt man, wenn man ein klares Smaragdgrün mit gebranntem Siena, strahlendem Himmelblau und einem Hauch Weinrot verbindet und das Ganze mit schwarzen Accessoires in Form von schmiedeeisernen Leuchten, Gardinenstangen und ähnlichem absetzt.

Handgearbeitete und -gemalte, glasierte Fliesen für Wände und Arbeitsflächen aus Frankreich
Dieses volle »Antik«-Grün erzeugt den für die Normandie charakteristischen rustikalen Look.

Handgemalte, glasierte Wandfliesen aus Italien
Jede einzelne Fliese zeigt Abweichungen im Farbton, um ein rustikales Erscheinungsbild zu erzeugen.

Französische handglasierte Wandfliesen aus Terrakotta
Die leichten Farbabweichungen entstehen durch die deckende Glasur. Diese Fliesen kann man auf Bad- oder Schlafzimmerschränken verwenden; sie sehen gut mit einem passenden Waschbecken aus.

Handgearbeitete Terrakottafliesen aus Mexiko
Die Glasur gibt den Fliesen das charakteristische scheckige Erscheinungsbild von Handarbeit. Diese Fliesen sind für Wände gedacht, obwohl man sie auch als farbige Einstreuer in einem Terrakottaboden verwenden kann.

Venetianische handgeschliffene Marmorfliesen
Diese Fliesen kann man auf Böden wie Wänden verlegen – sie wirken immer elegant. Seien Sie vorsichtig mit Marmor in Naßbereichen; er kann rutschig werden.

Handgemalte, glasierte Wandfliesen aus Mexiko
Diese dezent gefärbten Fliesen kann man mit passenden Randfliesen oder Wandmotiven zu interessanten visuellen Effekten zusammenstellen.

Französische handglasierte Wandfliesen aus Terrakotta
Diese tief meergrünen Fliesen sehen im Bad himmlisch erfrischend aus, besonders als Spritzschutz.

Handgearbeitete, glasierte Fliesen aus Mexiko
Diese prächtige Grünkombination zeigt, wie leicht es sein kann, Fliesen aufeinander abzustimmen.

Die geometrischen Muster in dieser Auswahl an grünen Fliesen sind sehr auffällig, gleich ob das Muster nun auf die Fliesen gedruckt oder die Fliesen in ausgeklügelte Formen geschnitten wurden, um das Design zu erstellen.

Glasierte Wandfliesen aus den USA
Diese achteckigen Fliesen sind mit Einlegern und bombierten Bordüren in prachtvollem Grün kombiniert.

Industriell gefertigte Sinter-Wandfliesen
Nutzen Sie diese Fliesen für ein Ton-in-Ton-Konzept von hellen Aquatönen bis hin zu dunklem Grün. Die interessanten Farben lassen viele innovative Gestaltungsmöglichkeiten zu, einschließlich eines Wandmotivs mit Schnittfliesen.

Bruchschiefer mit Einlegern aus Terrakotta
Diese Fliesen sind im klassischen Einschlußquadratmuster mit Schieferbordüre verlegt. Verwenden Sie sie als Bodenbelag sowohl in geschlossenen Räumen als auch im Freien. Geschnittener Schiefer muß versiegelt werden.

Schieferspaltplatten
Diese Platten sind klassisch mit kleinen Eckeinlegern und sauberen schmalen Kanten verlegt. Man kann damit den Boden in Foyer, Wintergarten, Küche und Wohnzimmer auslegen, um so eine traditionelle Steinbodenoptik zu erzielen.

Italienische glasierte Wandfliesen aus Terrakotta
Ein rosafarbenes Karo umgeben von blaßgrünen Fliesen bildet zusammen mit der passenden Kranzleiste einen hübschen Spritzschutz.

Glasierte Wandfliesen aus Keramik
Dieses geometrische Rautenmuster entstand aus verschiedenen Blaugrün-Schattierungen und könnte als interessante Bordüre im Stil einer Sockelleiste auf einer weiß gefliesten Wand verwendet werden.

Naturbelassene Schiefersteine
Dieser Schiefer in warmen Grüntönen ist im klassischen Backsteinmuster verlegt. Naturschiefer ist vielfarbig und kann beidseitig verlegt werden. So haben Sie mehr Möglichkeiten, die gewünschte Farbzusammensetzung zu erzielen.

Schieferspaltplatten
Kante an Kante im Ziegelmuster verlegt, werden die charakteristischen Farbabweichungen und die leichte Maserung der Natursteinprodukte zum Designelement.

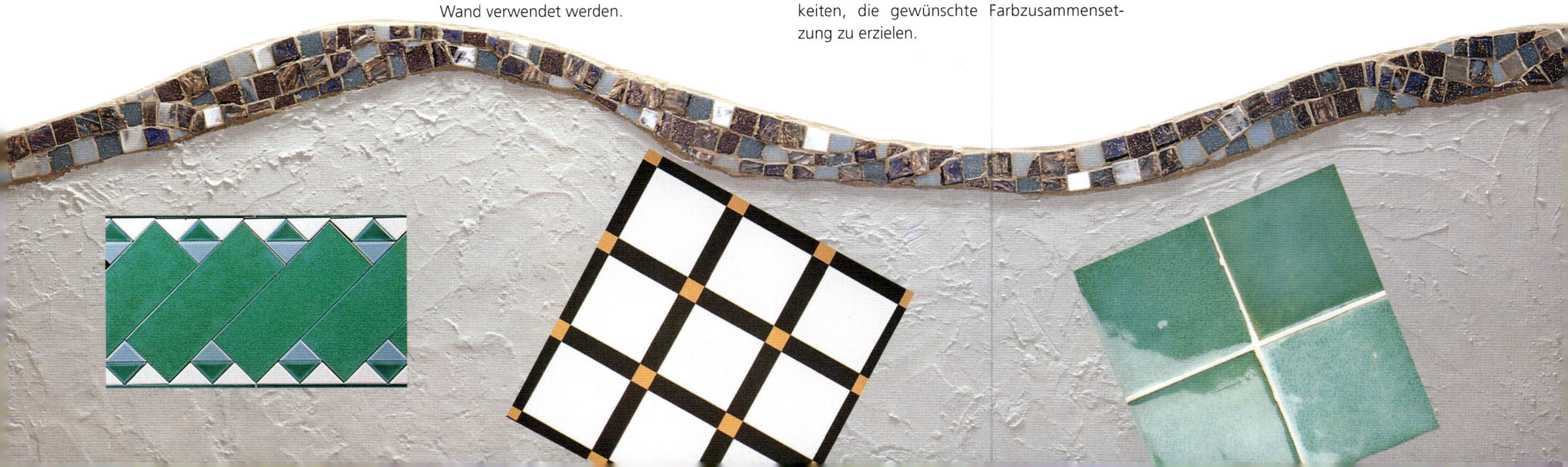

Marokkanische Bodenfliesen aus Steinzeug
Die Fliesen bilden ein Medaillondekor in prächtigen Grün- und Blautönen auf cremefarbenen Grund. Sie sehen besonders gut in Verbindung mit einer geometrisch gemusterten Bordüre aus.

Handgemalte Wandfliesen aus Portugal
Hier bilden vier Fliesen ein dekoratives geometrisches Dekor, das an ein Wappenmotiv erinnert. Man kann das Dekor als Rapport über die ganze Wand ziehen oder als Einstreumotiv verwenden.

Handdekorierte, glasierte Wandfliesen
Dieses Wanddekor aus Musterfliesen kann man in einen Rahmen aus schlichten grünen Fliesen setzen und weiß verfugen. Ruhiger wirkt das Dekor, wenn man statt dessen die schlichten Grundfliesen damit umrandet.

Glasierte Wand- und Bodenfliesen
Diese Fliesen haben eine Mattglasur und können für ein Mosaikbild verwendet werden. Die blauen und hellgrünen Mittelfliesen setzen sich gegen ein reizvoll gedämpftes, olivfarbenes Umfeld ab.

Handgefertigte Enkaustik-Bodenfliesen aus Marokko
Diese Fliesen werden aus Steinmehl, Marmor und Zement hergestellt, dann ausgehärtet und getrocknet. Mit schlichten Fliesen in hellen und dunklen Ockertönen innerhalb dieses dekorativen Doppelrandes läßt sich ein marokkanischer Handwebteppich vorgaukeln.

Handgefertigte Enkaustik-Bodenfliesen aus Marokko
Im Rautenmuster verlegte Fliesen werden von einer Weinrankenbordüre umrahmt. Eine schlichte Außenkante rundet den Effekt ab

Die grüne Farbe der Natur eignet sich gut für »natürliche« Designs. Diese hier basieren alle auf Blatt- und Blumenmotiven, haben aber letztlich einen geometrischen Touch.

Glasierte Wandfliesen aus Mexiko
Hier sind schlichte Fliesen und solche mit floralen Mustern in verschiedenen Grünschattierungen zu sehen. Experimentieren Sie auf diese Weise, um festzustellen, welchen Grünton des Blütenmusters Sie mit passenden einfarbigen Fliesen verstärken wollen.

Handbemalte, glasierte Wandfliesen aus Mexiko
Das zweifarbige, leuchtende geometrische Muster bildet ein auffälliges Design. Die Oberfläche ist auf charakteristische Weise uneben.

Glasierte Wandfliesen aus Keramik
Diese Auswahl zeigt glänzende Reliefmuster zusammen mit verschlungenen geometrischen Mustern und botanischen Bildmotiven. Sie sind ideal für einen Wintergarten oder im Umfeld eines großen Kamins im gründerzeitlichen Stil.

Handbemalte, glasierte Wandfliesen aus Portugal
Dieses vierteilige Wanddekor entwirft ein klassisches, geometrisches Muster im gotischen Stil. Es kann an einer schmucklosen Wand angebracht oder zu einer umwerfenden Flächenwirkung erweitert werden.

Glasierte Wandfliesen
Diese Fliesen zeigen ein herrlich fließendes Design mit Randstreifen. Sie eignen sich als Bordüre für schlichte Fliesen über der Spüle und wirken besonders großartig am Kamin.

Handdekorierte Wandfliesen
Dieses wandumspannende Fliesenbild setzt sich aus rechteckigen Fliesen zusammen, wobei die Länge dazu beiträgt, die Weite in dieser bäuerlichen Szene herauszustreichen. Als Rahmen wären Randfliesen, ein schlichter Fries oder eine gewölbte Bordüre denkbar. Das Bild würde gut in eine Bäckerei oder eine fensterlose Kochnische passen.

Handbemalte, glasierte Wandfliesen aus den USA
Diese Fliesen bilden ein außergewöhnliches, exotisches Raumdekor mit orientalischem Motiv. Sie sind ideal für Speisezimmer, Bäder und selbst für Restaurants mit orientalischem Ambiente.

Handgemalte und -glasierte Wandfliesen
Dieses neunteilige Fliesenbild zeigt eine ländliche Szenerie. Eins dieser Bilder könnte man in einer kleinen Küche anbringen; vier davon würden einen größeren Raum gemütlicher gestalten. Sie eignen sich als Wandverkleidung hinter einem Kaminvorsprung oder Herd und vielleicht auch über der Spüle an einer Wand ohne Fenster.

Walisische Wandfliesen mit Glasur
Eine schmale Bordüre umrahmt dieses malerische Obstbaumdesign. So entsteht ein herrliches Fliesenwandbild.

Handbemalte, glasierte Wandfliesen
Die handgeformten Bordürenfliesen in Grün- und Blautönen sind hier mit einem Früchte- und einem Fruchtkorbmotiv kombiniert, um den Wandbereich interessanter zu gestalten.

Hier liegt die Betonung auf den Gaben der Natur: Obst, Beeren, Pflanzen, Fisch und Ente sehen mit Grün als zentralem Gestaltungsthema allesamt fantastisch aus.

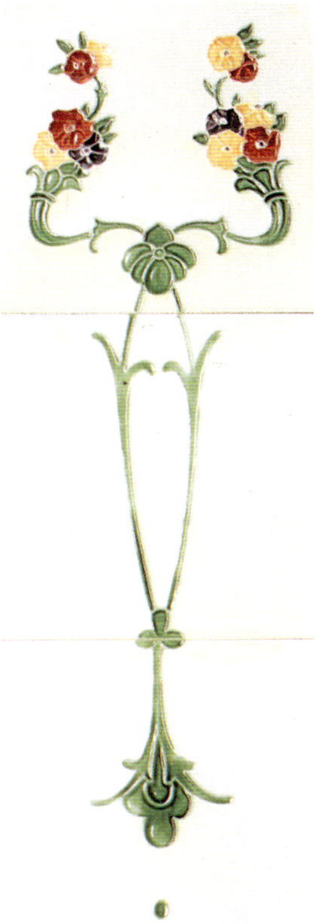

Handgemalte, glasierte Fliesen mit Hohlprägung
Diese Fliesen setzen sich zu einem Kombinationsdekor zusammen, das man auf Sockelzonen, als Einstreumotiv zwischen schlichten Grundfliesen oder als traditionellen Kamineinsatz verwenden kann. Das Tropfendesign erinnert an den Jugendstil.

Italienische handdekorierte, glasierte Tonwandfliesen
Diese Fliesen tragen ein Jugendstildekor. Hier wurden sie oben mit einer Musterbordüre und am Boden mit einer Relief- und Musterbordüre zu einem schlanken Badezimmermotiv kombiniert.

Amerikanische handgearbeitete Wandfliesen aus Ton
Die plastischen Motive auf diesen Fliesen zeigen Insekten und anderes Getier auf meergrünem oder blauem Grund. Man kann sie als Einfassung oder als Einstreuer für ein Wanddekor verwenden.

Handgefertigte und -bemalte europäische Fliesen mit Krakeleeglasur
Krakeleeglasierte Fliesen und eine Reliefbordüre werden hier mit ausgeformten Muschelreliefffliesen in verschiedenen, dezenten Grüntönen kombiniert. Setzen Sie sie in der Küche als Spritzschutz oder im Bad als Duschdekor oder Wandbild ein.

Handgemalte, glasierte Wandfliesen aus den USA
Dieses 7leckere Obst und Gemüse trägt sattgrüne Blätter und eine grüne Glasureinfassung. Es dient als Umrandung, Streumotiv oder um fantastische Wanddekore aufzubauen – ideal für Restaurants oder Gemüsegeschäfte.

Handdekorierte, glasierte Wandfliesen
Die pudrig getönten Strandmotive auf antikweißem Grund vermitteln Helligkeit und Frische.

Amerikanische, handgearbeitete Ziegeltonplatten
Eine rustikale irische Bordüre umgibt grünmarmorierte Grundfliesen. Diese eignen sich als Boden- und Unterschrankbelag und sind zudem frostbeständig; sie können also auch im Innenhof verlegt werden.

Handgemachtes Mosaikfeld mit Bordürenfliesen
Diese Fliesen sind vielseitig verwendbar, sowohl an Innenwänden (von Wintergarten, Diele, Küche, Bad etc.) als auch an Außenwänden (wie Schwimmbecken, Innenhof, Dachterrasse, Springbrunnen-Rückwand). Die Bänder der Bordüre haben eine silbrig schimmernde Oberfläche, die als verwitterte Patina erscheint – ideal für ein Außenbereichsambiente.

Mosaikbordüren und Platten aus Naturstein
Hier dient eine Mosaikbordüre dazu, diagonal verlegte, antikisierte Steinplatten einzufassen; ausgezeichnet für Wände, Böden, Arbeitsplatten und Wintergärten.

Antikisierter Naturstein
Diese Fliesen sind in typisch mosaikartiger Manier zu einem Dekor zusammengesetzt, das zum Herzstück eines Wand- oder Bodenbereiches werden könnte.

Kunsthandwerklich gestaltete Mosaiken
Dieses Fisch-Motiv kann für Böden, Wände, Arbeitsflächen, in Schwimmbecken, Wintergärten oder Innenhöfen Verwendung finden.

Mosaiken sind von unbestreitbarer Eleganz und wirken besonders gut in wässriger Umgebung. Erhabene Reliefbordüren setzen ihnen den perfekten Rahmen.

Wandfliesen mit Lüsterglasur aus den USA
In Verbindung mit einer ausgeformten Bordüre und einer schmalen, oberen Kranzleiste bilden diese Fliesen eine klassisch schlichte, elegante Wandverkleidung für Küchen, Bäder und Wirtschaftsräume, ja sogar für den Sockelbereich im Foyer.

Rustikale Bodenfliese aus Terrakotta
Die Hohlprägebordüren und die Eckmotive konturieren die schlichte Terrrakottafliese und bilden einen ausgeprägten Klassik-Look.

Fries mit Reliefdekor
Bären-, Frucht- und Zweigmotiv heben sich von glasierten einfarbigen Fliesen ab und sind ideal, um eine traditionelle Sockelzone aufzubauen.

Glasierte Wandfliesen aus Keramik
Wer Fliesenformate mischt und aufeinander abstimmt, erhält eine schier endlose Vielfalt an gemusterten Bordüren. Diese Reliefstäbchen wurden nicht miteinander verbunden – so wirken sie ausgefallener.

Amerikanische handgearbeitete, glasierte Wandfliesen aus Terrakotta
Eine handgemalte Blätterbordüre, verbunden mit einfarbigen Fliesen, zeigt, welche interessanten Wirkungen man mit der Kombination von schlichten, gemusterten und ausgeformten Fliesen erzielen kann – man braucht nur ein wenig Fantasie.

Glasierte Terrakottafliesen
Dieses Grundmotiv ist keltisch. Ein erhabener Relief-Löwe und ein -Rothirsch sind von quadratischen Mosaiken umgeben und mit einem keltischen Knoten eingefaßt. Man kann sie auch zu größeren Verbänden zusammenfügen und daraus eine hinreißende Attraktion für den Wintergarten gestalten.

STIMMUNGS-VOLLES BLAU

BLAU IST DIE FARBE VON FRIEDEN UND HARMONIE. MAN KANN DAMIT EIN RUHIGES, ERHOLSAMES AMBIENTE SCHAFFEN UND EINEN LEBHAFTEN RAUM DÄMPFEN. BLAU HAT ZUDEM DIE EIGENSCHAFT, EINEN KLEINEN RAUM OPTISCH ZU ERWEITERN; DIE DUNKLEREN NUANCEN WIRKEN DAGEGEN EHER BEENGEND. DIE KOMPLEMENTÄRFARBE IST ORANGE.

BLAU

FLIESEN AUSWAHL

Blau ist die Farbe von Frieden und Harmonie. Außerdem assoziiert man mit ihr Ritterlichkeit, Romantik, Hingabe und Loyalität. In der Wappenkunde symbolisiert es Frömmigkeit und Aufrichtigkeit; in der Mythologie ist es die Farbe der Himmelsgötter Jupiter, Juno und Merkur. Die vollen Blautöne, die man in Gemälden und mittelalterlichen Manuskripten sehen kann, wurden mit einem wertvollen Naturfarbstoff hergestellt und häufig mit Gold untermalt; sie waren für den Mantel der Maria reserviert.

Blau kann eine ruhige, friedliche Atmosphäre schaffen und soll Blutdruck, Pulsfrequenz und Hirnströme senken; besonders wirkungsvoll kann der Einsatz der helleren Tonwerte in Schulen und Krankenhäusern sein. Die tieferen Blautöne suggerieren die samtige Fülle des Nachthimmels oder die unendliche Tiefe des Ozeans. Die meisten Blautöne (besonders die grünblauen) können kalt oder sogar eisig wirken, wenn man sie nicht mit ein paar wärmeren Tönen des Farbkreises kombiniert, zum Beispiel mit Terrakotta, Apricot oder kräftigem Orange (der Komplementärfarbe von Blau).

Blau ist eine kühle, zurückweichende Farbe mit raumerweiternden Eigenschaften, die man gezielt dazu einsetzen kann, kleine Räume optisch zu vergrößern. Blau hat zudem einen recht niedrigen Reflexionswert, so daß es grelles Licht diffundiert und mildert. So beruhigen die helleren Blauwerte einen allzu lebhaften Raum. Die intensiveren Schattierungen können schneidend sein, daher beschränkt man sie am besten auf Akzente und Accessoires oder gibt damit einer blassen Einrichtung Tiefe und Kontrast. Mit spezifischen Blautönen kann man das Flair einer bestimmten Epoche erzeugen. Das Delfter und

das Wedgwood-Blau des 17. und 18. Jahrhunderts wurde mit Holztönen, Zinn und Silber kombiniert, mit Weiß abgesetzt und mit Stoffen in warmen Farben ausgeglichen – ein Look, der heutzutage leicht nachzuahmen ist, um ein stilvolles Ambiente zu erzielen. Außerdem werden Blau und Weiß mit dem orientalischen Stil assoziiert, den man in Verbindung mit hellen Hölzern, Bambus und Lackrot nachempfinden kann. Hellere, blasse Blautöne in Verbindung mit Cremeweiß, Gelb, Gold und etwas abgenutzte Lackarbeiten und/oder Möbel weisen auf einen leicht schäbig-schicken Schweden-Look hin. Eine ganz bestimmte Graublau-Schattierung auf Fliesen, Böden, Holzarbeiten und Möbeln steht für den Shaker-Stil.

Wandfliesen in kräftigem Türkis, Blaugrün oder Himmelblau, kontrastiert mit Terrakottaplatten und mit einem Hauch von Ocker und Sonnengelb, suggerieren den mediterranen Stil und erzeugen dramatische Effekte in Diele oder Eßzimmer. Pudrige und lila unterlegte Blautöne sind die Farben der Romantik und wirken zusammen mit sanftem Lindgrün sehr gut in Schlafzimmer und Bad. Alternativ kann man diese Blautöne in Verbindung mit kräftigen goldgelben Farbtupfern dazu nutzen, ein kleines trübes Zimmer zu dekorieren und ein ruhiges, arbeitsames Umfeld für ein Studier- oder ein häusliches Arbeitszimmer zu schaffen.

Blau wird auch mit Reinlichkeit und Frische assoziiert – deshalb ist es auch die bevorzugte Farbe für Swimmingpool-Fliesen. Blau kombiniert mit Grün erzeugt ein noch frischeres Gefühl, aber die Einrichtung muß genügend Farbkontraste enthalten, damit es wirkt.

Glasierte Wandfliesen aus Italien
Mit dieser Fliesenkombination in schlichten, satten Farbglasuren und einem fein ausbalancierten grafischen Linienmuster kann man ein modernes Minimalismus-Konzept suggerieren.

Naturrauher Bruchschiefer
Das dunkle Graublau setzt sich deutlich gegen das im komplementären Siena gefärbte Karo ab. Verwenden Sie diese Platten als Bodenbelag im Innen- und Außenbereich, und versiegeln Sie sie mit speziellen Schiefer-Siegelharzen.

Glasmosaiken
Diese Mosaiksteinchen ergeben ein herrliches Wand- oder Bodendekor. Die verschiedenen blauen Tonwerte lassen sich zu sehr unterschiedlichen, dezenten Effekten kombinieren.

Handbemalte, glasierte Wandfliesen aus Ton
Bauen Sie damit ein kühnes, kraftvolles Gesamtbild in geometrischen Mustern auf – aber verwenden Sie sie sehr sparsam in kleinen Räumen oder dort, wo die Fliesen ungünstig geschnitten werden müssen, denn das kann optisch sehr störend sein.

Obwohl Blau eine kühle Farbe ist, kann die Bandbreite der angebotenen Farben – vom zartesten Hellblau über Türkis bis zu Lilatönen, Kobalt und dunklem Marineblau– verblüffend unterschiedliche Effekte hervorrufen.

Mattglasierte Tonfliesen aus Italien
Diese Fliesen kann man entweder mit passenden einfarbigen Fliesen zu einem eigenwilligen Schachbrettmuster zusammenstellen oder als Bordüre oder Wanddekor verlegen.

Handwerklich gestaltete Relieffliesen
Der zentrale Mohnblumen-Einsatz erzeugt einen originellen Effekt an Wänden und Kaminen. Er steht in einer Mosaiknachbildung aus graublauen, diagonal verlegten Fliesen.

Handgemachte Profilfliesen
Hier wurde ein geometrisches Minimuster, dessen strahlende Farben das gesamte Erscheinungsbild beleben, mit einer bombierten Stoßkante und glasierten Fliesen kombiniert.

Glasierte Reliefbordüren und Grundfliesen
Die Reliefbordüre wurde über blaue und weiße einfarbige Fliesen im Schachbrettmuster gesetzt; eine gute Kombination für einen Sockelbereich oder Spritzschutz.

Handdekorierte, glasierte Wandfliesen aus Italien
Diese Fliesen bilden ein auffälliges geometrisches Muster. Ein solches Muster kann man in einer kräftigen Farbe verfugen, die eine der Dekorfarben aufgreift, und so zusätzlich definieren.

Maschinell gefertigte Wandfliesen mit Hochglanzglasur
Verschiedene Blautöne gestalten eine schlichte weiße Wand interessanter. Kombinierte Blautöne erzeugen ein kühles Farbschema – für den Frischeeffekt in Bad und Swimmingpool.

Islamische Steinzeugfliesen
Vier Fliesen bilden ein ausbaufähiges Motiv, das man über einer größeren Fläche als Rapport oder auch als Einstreumotiv für Böden, Wände, Kamine und Arbeitsflächen verwenden kann. Das Dekor schafft eine gotische Grundstimmung.

Handwerklich gestaltete, rustikale Reliefflliesen
Diese Fische, Enten und anderen Tiere werden in diesem Mosaikdesign als Einstreuer verwendet. Man kann sie auf (wenig strapazierten) Böden, Unterschränken, Kaminen, Wänden, Außenflächen etc. verlegen.

Glasierte Steinzeugfliesen
Die kräftig orangerot gemusterte Bordüre belebt die mattglasierten, schlichten Grundfliesen; und der dezent metallische Schimmer der Perlstabbordüre verleiht ihnen einen antiken Effekt.

Handbemalte, glasierte Wandfliesen
Das persische Spiralmuster in zarten Rosa- und Grüntönen auf tiefblauem Grund ist typisch für die Arts-&-Crafts-Farbkombinationen von William de Morgan.

Glasierte Wandfliesen aus Keramik
Diese leuchtend orange und grün gemusterten Fliesen wurden mit einem tiefblauen Randstreifen eingefaßt und ergeben zwischen passenden einfarbigen blauen Fliesen ein hübsches Wandbild für die Küche. Das zentrale Motiv besteht aus den Eckfliesen des Randdesigns.

Terrakottafliesen mit Majolika-Glasur
Diese dezente, altweiße Krakeleeglasur »erwärmt« zusammen mit den gelb-rosafarbenen Blüten die kühleren Blautöne .

Glasierte Steinzeugfliesen
Schlichte Fliesen werden hier mit dekorativen Profilfliesen kombiniert. Da diese unverkennbar einen Hauch des Jugendstils aufweisen, wirken sie in Hauseingängen dieser Epoche – speziell am Sockel – besonders gut.

Viele der bekanntesten Fliesendesigns – zum Beispiel die Delfter Fayencen – sind blau. Blaue Fliesen auf weißem Grund sind von klarer, klassischer Eleganz, die nahezu unerreicht ist.

Handbedruckte Boden- und Wandfliesen
Mit diesen Fliesen kann man ein auffälliges Randdekor schaffen und eine traditionelle Grundstimmung unterstreichen. Sie tragen ein kräftiges Blau und ein sanftes Grün auf einem zart-elfenbeinfarbigen Glasurgrund und können in vielerlei Kombinationen verlegt werden.

Spanische glasierte Tonfliesen
Diese Fliesen wurden nach traditioneller Methode über Holzkohle gebrannt. Eine blaue Flechtbordüre umgibt die krakeleeglasierten, im Karomuster verlegten Grundfliesen. Sie passen auf Wände, Arbeitsplatten und Böden.

Mosaiken aus Steingut
Diese Fliesen werden mit handlichem Netzrücken angeboten. Die weichfließende Bordüre in Blau und Creme dient dazu, die quadratischen Steinplatten schärfer zu konturieren. Verwenden Sie sie auf Unterschränken, Böden sowie an Zimmer- und Wintergartenwänden.

Terrakottafliesen mit Majolika-Glasur
Diese Fliesen lassen sich für Wandbilder und Einfassungen verwenden und eignen sich zum Konturieren gestalterischer Details auch als Wand- oder Bodenbelag (nicht für vielgenutzte Böden oder Außenbereiche). Die Wirkung der tiefblauen Blattbordüre wird durch das Türkis gemildert.

Glasierte Wandfliesen aus Keramik
Die Zusammenstellung dieser Marmor-Dekorbordüre mit hochglanzglasierten Kranzleisten ergibt einen interessanten Effekt.

Handgemalte Wandtafel aus Portugal
Nutzen Sie diese klassisch blauweiße Bordüre, um Hausnummern oder Firmensignets zu rahmen, die man auf Fliesen oder andere Oberflächen malen kann. Sie können sie auch selbst per Hand oder Schablone bemalen!

Glasierte Wandfliesen aus Mexiko
Dieses Wanddekor zeigt zwei Vögel und einen Schmetterling zwischen blauen und orangefarbenen Blumen mit olivgrünen Blättern. Die Bordüre fungiert als Bilderrahmen.

Handdekorierte Terrakottafliesen mit Fayence-Glasur aus den USA
Mit diesen klassischen blauweißen Fliesen kann man eine ganze Wand gestalten oder auch nur eine ausgefallene Bordüre.

Im Siebdruckverfahren dekorierte Industriefliesen
In der hier gezeigten Zusammenstellung kann man die Fliesen als Spritzschutz oder Dekorbild verwenden. Man kann sie aber auch zu einem reizvollen Bordüren- oder Frieseffekt anordnen.

Spanische glasierte Wandfliesen aus Ton
In Verbindung mit einer dekorativen Bordüre in Blau- und Grüntönen und ein wenig Kupferglanz, um die Leuchtkraft zu erhöhen, wirken diese Fliesen sehr gotisch.

Glasierte Profilfliesen
Dieses strahlende Saphirblau ist einfach hinreißend. Gebänderte Fliesen werden mit einer ausgeformten Seilbordüre und schmalen Leisten kombiniert und können als Verzierung für eine schlicht oder mit Muster verflieste Sockelzone dienen.

Handdekorierte Keramikfliesen
Verwenden Sie diese Fliesen als Streumotiv oder in größeren Verbänden für ein verwegenes geometrisches Dekor.

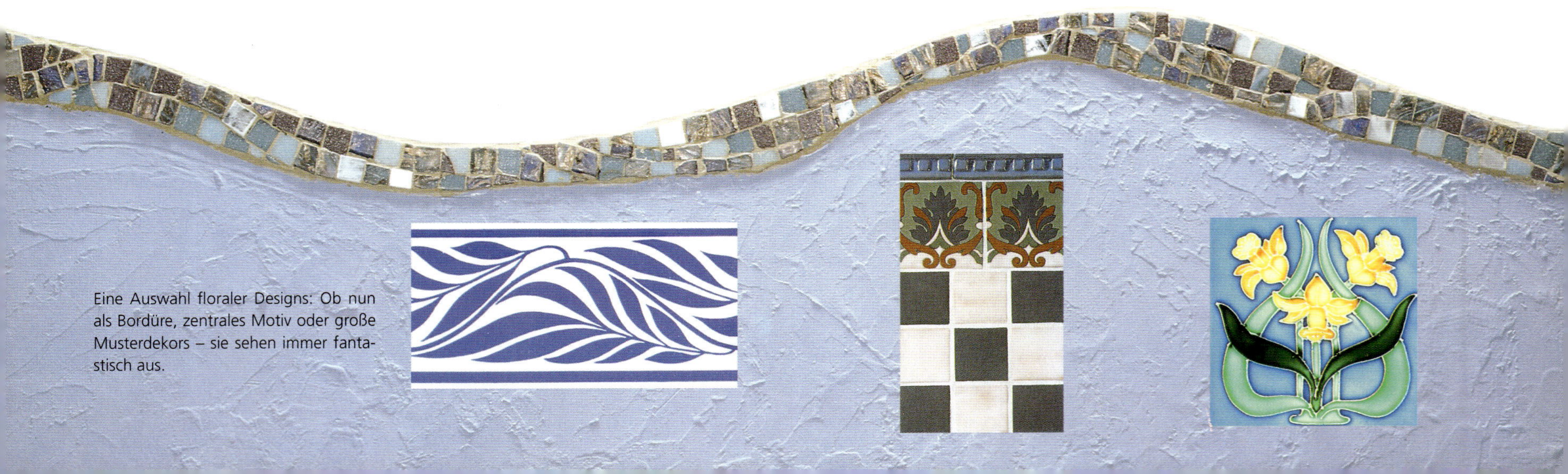

Eine Auswahl floraler Designs: Ob nun als Bordüre, zentrales Motiv oder große Musterdekors – sie sehen immer fantastisch aus.

Portugiesische handdekorierte Wandfliesen aus Keramik
Vier Fliesen ergeben hier ein dekoratives Bild, das man als Einstreuer zwischen schlichten Wandfliesen oder als effektvolle Dekoration für die ganze Wand verwenden kann – quer über die Wand verlegt, bildet dieses vierteilige Modul ein Gittermuster.

Glasierte Fliesen mit Siebdruckdekor
Dieses dekorative zwölfteilige Fliesenbild aus blauen Blüten auf weißem Grund lehnt sich an die viktorianische Pflanzenradierung an. Diese Fliesen bieten endlose Gestaltungsmöglichkeiten für Küchen, Bäder, Duschen, Wirtschaftsräume usw.

Glasierte Wandfliesen
Diese saphirblaue Relieffliese ist – sparsam verteilt auf einer schlichten Wand – der perfekte Einstreuer oder eine großartige Strukturbordüre.

Handgemachte, glasurgebrannte Wandfliesen
Neun Fliesen setzen sich zu diesem weißen Margeritenstrauß in einer Terrakottavase auf tief kobaltblauem Grund zusammen.

Handwerklich gestaltete Glasurfliesen
Schwimmende Fische in einem Mosaikhintergrund ergeben in Verbindung mit blauem Fugenmörtel ein realistisches Meeresmotiv.

Glasierte Wandfliesen
Diese Fliesen sind als Bordüre oder Fries gedacht. Das Design ist eine Reproduktion eines originalen Arts-&-Crafts-Fliesendesigns von William de Morgan aus dem 19. Jahrhundert. Der farbenprächtige Fries zeigt Fische, die in einem blauen Fluß umherschwimmen, zwischen wirbelnden Blättern als zweitem Teil des Designs.

Handdekorierte, glasierte Fliesen
So »bauen« Sie sich eine ansprechende, weißrot getigerte Katze auf einem blauweißen Schachbrettboden, eingerahmt von 12 glasierten einfarbigen Fliesen im passenden Farbton. Verwenden Sie sie als Blickfang an einer freien Wand.

Glasierte Tonfliesen aus Spanien
Blaue Fische »schwimmen« über diese Fliesen, denen schlichte Riemchen mit Randstreifen und Eckfliesen mit Muscheldekor zugesellt wurden. Blauer Fugenmörtel würde das Muster noch deutlicher herausarbeiten.

Handwerklich gestaltete, glasierte Reliefliesen aus den USA
Kombinieren Sie diese Fliesen mit flachen Steinzeug- oder Terrakottafliesen. Man kann sie auf Böden wie Wänden und innen wie außen verlegen (Steinzeug ist frostbeständig), in Schwimmbecken, Wintergärten oder wo sich ein Muschelbild sonst noch anbietet.

Handgemaltes Wandbild
Hier sieht man ein paar der vielen derzeit erhältlichen Fliesen mit Meeresthematik. Man kann daraus ein Dekor für Wände, Arbeitsflächen, Kamine oder auch einen leichten Bodenbelag gestalten.

Diese Fliesen zeigen die große Bandbreite der handelsüblichen Bildmotive in Blau – vom Meeresmotiv bis zum Landhaus.

Handdekorierte, glasierte Wandfliesen
Diese Obst- und Gemüsemotive kann man – in Verbindung mit den passenden Randfliesen – zu einem Wandmotiv aufbauen, als Zufallsmuster oder Patchwork verwenden oder als Einstreuer zwischen schlichte Wandfliesen setzen.

Handgefertigte und -dekorierte, glasierte Kacheln aus Brasilien
Diese Kacheln im Delfter Stil werden nach einem holländischen Verfahren aus dem 17. Jahrhundert aus nassem Ton gefertigt und sehen authentisch aus.

Handgemalte Bordüren- und Bildmotive
Das Sonnen- und Monddesign hebt sich in warmem, komplementären Gelb und Orange von dem strahlend blauen Hintergrund ab. Hier sind sie zu einem Wandbild zusammengestellt, mit dem man Innenwände im häuslichen wie im kommerziellen Bereich ausschmücken kann.

Amerikanische Wandfliesen aus Terrakotta mit Fayence-Glasur
Hier entstand aus neun Fliesen ein Wanddekor, das mythologische Sonnen- und Mondgesichter mit einer dekorativen runden Umrandung darstellt. Setzen Sie sie zwischen blaue und weiße Fliesen.

Glasierte Wandfliesen
Diese Fliesen werden mit ausgeformten Randfliesen und Kranzleisten kombiniert. Die Kombination von Gelb und Blau bewirkt eine sonnige Kulisse.

NEUTRAL- UND NATURFARBEN

ECHTE NEUTRALFARBEN SIND KLARES WEISS, SCHWARZ UND GRAU. NEUTRALFARBEN IM LANDLÄUFIGEN SINNE SIND NATURFARBEN SOWIE ABGETÖNTES WEISS. SIE SIND WEICHER UND LEICHTER EINZUSETZEN ALS SCHWARZ UND WEISS. DA SIE SATTE, VOLLE FARBEN AUSGLEICHEN, KÖNNEN SIE ZUDEM EIN EINRICHTUNGSKONZEPT VORTEILHAFT ZUR GELTUNG BRINGEN.

NEUTRAL- UND NATURFABEN

FLIESEN AUSWAHL

Genaugenommen sind Neutral- und Naturfarben überhaupt keine Farben, das heißt, sie lassen sich nicht aus anderen Farben zusammenmischen, und sie erscheinen nicht im Farbspektrum. Bei der Innenraumgestaltung bilden Neutral- und Naturfarben gewöhnlich die Verbindung oder Abgrenzung eines Farbschemas, können aber auch eigenständig verwendet werden. Oft bilden Neutralfarben den Hintergrund für Musterstoffe, Musterböden und -tapeten oder dienen als Grundfliesen.

Echte Neutralfarben sind reines Weiß, Schwarz und die verschiedenen klaren Grautöne, die durch das Mischen von Schwarz und Weiß in wechselnden Proportionen entstehen. Für sich allein kann Weiß und Grau kalt, schroff und abweisend wirken. Schwarz dagegen wirkt schnell düster, da es das Licht absorbiert, und muß mit interessanten Oberflächenstrukturen kombiniert werden. Schwarz, Weiß und Grau werden in einem eigenen Kapitel behandelt.

Allgemein versteht man unter Neutralfarben die Farbtöne, die man mit Naturmaterialien gleichsetzt: Jute, Sackleinen, Flachs, Seegras, Sisal, Binsenmatten, Natursteinen und Hölzern. Dazu gehören die verschiedenen Nuancen von Beige, Creme, abgetöntem Weiß, Taupe, Champignon, Magnolia, Rehbraun und die gedämpften Brauntöne. Sie alle sind angenehm für das Auge. Sie können

aber auch fade und kraftlos wirken, wenn man sie nicht mit ein paar kräftigen Farbtupfern und starken Strukturkontrasten belebt.

Jede dieser landläufig als neutral empfundenen Farbschattierungen läßt sich von einer Originalfarbe auf dem Farbspektrum ableiten und ist eine sehr helle, mit Weiß gemischte Variante der klaren Farbe. Nehmen Sie zum Beispiel einen Pfirsichton, ein rotstichiges Beige, gelbliches Creme, bläuliches Weiß, Graugrün und Blaugrau. Solche »Neutralfarben« müssen farblich sehr sorgfältig abgestimmt werden.

Die Farben der Naturmaterialien sind weitaus weicher und problemloser einzusetzen als Schwarz, Weiß oder Grau. Sie können einen leicht verwitterten oder altertümlichen Touch in ein Einrichtungskonzept bringen oder auch ein »Edelgammler«-Ambiente suggerieren. Wählen Sie die Neutralfarben, die Ihr Raumkonzept unterstreichen: Cremige oder gelbliche Töne, um satte, warme Farbschemata auszugleichen (Kastanienbraun, Rostrot, Terrakotta, Gold und Ocker) und ein kühleres (Grau-)Beige als Kontrast für die auffälligeren Blau- und Grüntöne.

Für sich genommen, schaffen diese Farben ein entspanntes Wohnklima. Dabei ist jedoch entscheidend, daß Sie innerhalb einer Farbpalette bleiben, um unschöne Farbkombinationen zu vermeiden und die Nuancen variieren zu können. Und es ist unerläßlich, mit unterschiedlichen Oberflächen (glänzend, rustikal, seidig, matt, rauh, zottelig und fein lichtfilternd) wirklich gut kontrastierende Strukturen einzubauen.

Mattglasierte Tonkacheln aus Italien
Diese Auswahl opakglasierter Kacheln in Schwarz, Grau, Weiß und einer Neutralfarbe wurde zu Dreiecken geschnitten und in einem Rautengittermuster verlegt. Man kann sie als Wand- und Bodenbelag oder als Kaminverkleidung verwenden.

Unglasierte, dichtgebrannte Bodenfliesen
Diese Bodenfliesen im Stil des ausgehenden 19. Jahrhunderts sind genau das Richtige für Restaurierungsarbeiten oder für Dielen, Veranden oder Vorbauten von Gebäuden dieser Epoche.

Naturrauhe Schieferplatten
Vielfarbiger Schiefer besitzt eine natürliche Maserung und kann mit jeder Seite nach oben montiert werden, um die reizvollen natürlichen Schattierungen zu betonen. Diese Fliesen können als Bodenbelag für den Innen- wie Außenbereich dienen, denn sie sind auch in feuchten Zonen rutschhemmend und daher für Duschen und Swimmingpool-Umrandungen gut geeignet.

Gehauene Kalksteinplatten aus Italien
Mit ihren natürlichen fossilen Einschlüssen haben diese Platten eine zeitlose Ausstrahlung. Will man sie als (Innenbereichs-) Bodenbelag nutzen, müssen sie mit einem eindringenden, rutschhemmenden Siegelharz behandelt werden.

Unglasierte Bodenfliesen aus Terrakotta
Diese Fliesen kann man auf verschiedene Weise zu traditionellen Mustern zusammenstellen sowie mit Bordüren kombinieren, um architektonische Details zu umreißen.

Neutral- und Naturfarben lassen sich hervorragend mit jeder Farbe des Spektrums kombinieren. Man kann sie für einfache geometrische Designs oder für ausgefeilte Muster verwenden – sie erscheinen nie übermäßig dominant.

Bodenfliesen aus Naturstein
Die blaß cremefarbene Bordüre ist ideal, um die prächtig gefärbten Einsätze zu unterstreichen. Die Auswahl an Naturmaterialien ist enorm, und man kann wie hier die unterschiedlichen Typen kombinieren oder für ein Ton-in-Ton-Konzept verwenden.

Naturbelassene Bodenfliesen aus Schiefer
Naturfarbene Karoreihen sind abgestimmt mit orangefarbenen und roten Fliesenquadraten in derselben Grundfarbe – nur einen Hauch dunkler als die Karos.

Mosaiken mit antikisiertem Stein aus Italien
Diagonal im Schachbrettmuster verlegt, verleihen diese Fliesen Wänden, Böden und Unterschränken oder Arbeitsflächen zeitlose Eleganz. Dieser Bodenbelag erweckt in engen Fluren und kleinen Ecken den Anschein von mehr Weite und Größe.

Unglasierte, gesinterte Bodenfliesen
Diese Fliesen aus dem 19. Jahrhundert sind mit geometrischen Schnittfliesen in verschiedenen neutralen und dunklen, vollen Farben kombiniert. Hier sollen sie das Bild eines viktorianischen Enkaustik-Bodens erzeugen.

Handdekorierte, glasierte Wandfliesen aus Ton
Das Ostwindmotiv der Bordüre kann als dekorativer Abschluß einer schlichten Wand dienen oder als einzelner Einstreuer mit einer passend dekorierten Seifenschale aus Keramik.

Handdekorierte Glasurfliesen
Ein von Delft inspiriertes, figürliches Motiv steht in einem Feld aus neutralen Grundfliesen und kann ein Anziehungspunkt für große, offene Wände sein.

Handgemalte, glasierte Fliesen
Ein lebhaft gefärbter Fisch, auf eine glasierte Fliese gemalt, »schwimmt« zwischen Marmor, um eine naturbelassene, cremefarbene Wand- oder Bodenfläche optisch interessanter zu gestalten.

Handwerklich gestaltete Glasmosaiken
Wasservögel – Gänse, Enten, Haubentaucher und Möwen – zeigt dieses Wandmosaik. Mit Mosaiken kann man an Schwimmbecken und Springbrunnen Trompe-l'œil-Effekte erzielen.

Handdekorierte, glasierte Fliesen aus England
Vier Fliesen bilden hier ein malerisch gestaltetes Wandmotiv mit einer Kuh im Kornfeld. Gemalte Fliesenbilder kann man in eine Wand aus Grundfliesen streuen, in einen Spritzschutz einbauen oder hinter dem Ofen und der Spüle verlegen.

Amerikanische handdekorierte, glasierte Wandfliesen aus Porzellan
Diese Meeresmuscheln-Fliese kann als Bordüre oder bunt verteiltes Einstreumotiv dienen.

Fliesen in Neutral- und Naturfarben werden oft mit Frucht- und Blumenmotiven kombiniert, sehen aber ebenso gut mit anderen Bildmotiven aus, besonders mit solchen im klassischen Stil.

Natursteinfliesen
Hier weht der Hauch des Alten Griechenlands und Roms durch eine figürlich gestaltete Szenerie, die als Trompe-l'œil-Effekt die klassischen Skulpturen aufgreift.

Traditionelle Schieferplatten
Diese zinngrauen Fliesen erzeugen einen Minimalisten-Look. Die gekerbte Kranzleiste und das griechische Mäandermuster sorgen dafür, daß das Design nicht zu kalt wirkt.

Handgemachte Wandfliesen mit erhabenem Muster
Die diversen Obstmotive erheben sich als plastische Reliefs von ihrem glänzend glasierten, altweißen Hintergrund. Hier hat man die Fliesen, durchsetzt von schlichten altweißen Grundfliesen, zu einem Wanddekor zusammengestellt und mit passenden Bordüren- und Eckfliesen eingerahmt.

Glasierte Wandfliesen aus Keramik
Weiße Fliesen erhalten eine Spur Wärme und Glanz aus einer Kombination von neutralen und leuchtend gefärbten Einlegekaros. Die Fruchtbordüre zeigt ein Bacchanalmotiv.

Polierte Marmorplatten
Die Trompe-l'œil-Gemälde mit Obstmotiven sind zwischen quadratischen Marmorplatten eingesetzt und werden oben von einer Obstbordüre abgeschlossen.

Wandfliesen aus Ton
Dieses Sortiment schlichter Fliesen, texturierter Reliefs und gemusterter Fliesen ist eine Zierde für jeden Raum. Die Braun- und Cremetöne passen sehr gut zu den ethnischen Mustern und erdigen Farben.

Glasierte Wandfliesen mit Struktur
Diese Fliesen haben ein zeitlos klassisches Erscheinungsbild. Viele solcher schweren Relieffliesen in neutralen Farben kann man zu Wandmustern, Schmuckdekors, Sockelzonen oder Alkoven zusammensetzen.

Handgeschnittene Stein- und Marmormosaiken
Dieses Mosaik bildet eine klassische griechische Mäanderbordüre – als räumliche Unterteilung eines großen Foyers, von Wohn- und Eßzimmer oder des Bodens im Wintergarten.

Mosaiken aus Stein und Naturmarmor
Mosaiken eröffnen herrlich kreative Gestaltungsmöglichkeiten. Terrakotta- und zart roséfarbene, weiße, graue und schwarze Mosaiksteinchen bilden hier ein klassisches Seilmuster und eine griechische Mäanderbordüre für Wand und Boden.

Traditionelles Marmormosaik
Man kann Neutral- und Naturfarben auch mischen, um eine typisch romanische Wirkung an Wänden und Böden von (stilistisch nachempfundenen) Altbauten oder für Swimmingpools, Wintergärten und Innenhöfe zu schaffen.

Antikisierter Stein mit Kalkstein und Bruchschiefer
Kleine, unregelmäßige Travertinsteine werden mit verschiedenen Riemchen zu Bordüren, Rahmen und Mustern kombiniert.

»Biblische« Steinplatten (über 500 Jahre alt, aus Israel)
Hier hat man römische Steinplatten mit einer römischen Bordüre im klassischen Bändermuster verlegt. Solche Platten zieren Wände und Böden dort, wo ein traditionelles und stark strukturiertes Umfeld gewünscht wird.

Steinplatten mit Kalkstein und Bruchschiefer im antiken Stil
Kleine Travertinsteine im Ziegelsteinverband erzeugen zusammen mit Relief- und schmalen Leistenbordüren einen dezenten und trotzdem ausgefallenen Effekt.

Steinplatten mit Kalkstein und Bruchschiefer im antiken Stil
Travertinsteine wurden mit Kalkstein und grauem Bruchschiefer verbunden, um die Illusion einer Trompe-l'œil-Bordüre zu erzeugen.

Kleinformatige Fliesen und Mosaiken in neutralen Farben bilden mit Erdtönen und leuchtenden Farbspritzern äußerst effektvolle Kombinationen. Die schlichten Farben und quadratischen Formen werden gegen sternförmige Ausbruchfliesen, Dreiecke und Oktagonen abgesetzt, um so mit der Geometrie ein paar optische Tricks zu vollführen.

Handgeformte und -gestaltete, glasierte Fliesen
Diese diagonal verlegten Fliesen sorgen an Innenwänden, Wandverkleidungen, Duschen, Kaminen und auf Arbeitsplatten für ein einheitliches Raumdesign. Manche der Fliesen sind mit einer Krakeleeglasur überzogen und daher für Naßbereiche und Arbeitsplatten ungeeignet.

Antikisierte Steinplatten mit Kalkstein und Bruchschiefer
Zu der natürlichen Farbgebung von Kalkstein gehören auch warme, ins Rosé spielende Töne, die sich hier gegen eine schiefergraue Bordüre absetzen und mit einer bombierten Profilleiste abschließen.

Fliesen aus Naturmarmor und Kalkstein
Kleine graubeigefarbene Karoeinleger sorgen für eine interessante Musterung der cremeweißen Fliesenquadrate; und die Kalksteinumrandung im Eigenformat erzeugt ein weich fließendes geometrisches Design.

Naturbelassene Steinfliesen
Diese Fliesen in Neutral- und Naturfarben bilden ein geometrisches Zufallsmuster, das wie geschaffen ist für Böden, Wände und Arbeitsflächen. Wenn man sie mit Bienenwachs versiegelt, bekommen sie eine warme Patina.

Ägäische Mosaiken
Dieses klassische Kreismotiv mit einem cremefarbenen Blattdesign macht ausgiebig Gebrauch von dem Naturbeige und den grünlichen Tönen der ägäischen Mosaiken.

Glasierte Wandfliesen aus Keramik
Hier wurden kühle, grau und weiß glasierte Fliesen zu Dreiecken und schmalen Bordüren geschnitten, gegen quadratische Grundfliesen abgesetzt und mit weißer Fugenmasse konturiert. Sie sind ideal für Badezimmer und Küchen.

Stein und Travertin in antikem Stil
Warme beigefarbene Steinplatten im Ziegelsteinverband werden oben von einer gebänderten Mosaikumrandung in Blau und Terrakotta und unten von einem schlichten geometrischen Streifen eingefaßt .

Glasierte Boden- und Wandfliesen aus Italien
Cremeweiße Grundfliesen sind mit handdekorierten Bordüren- und Eckfliesen in klaren, frischen Farben verziert. Verwenden Sie sie für ein Wanddekor oder um gestalterische Details an Wand und Boden herauszustreichen.

Italienische Bodenfliesen aus Marmor
Hier bilden Strukturfliesen ein quadratisches Wanddekor, das man in Wintergärten oder am Swimmingpool einsetzen kann. Es wirkt überall dort, wo ein traditioneller »Bauern-Look« mit dem Stil von Einrichtung und Architektur im Einklang steht.

Naturbelassener Bruchschiefer
Schieferbodenplatten in cremigen Gold- und Grautönen sind einzigartig, denn sie sind ein Naturstein-Material. Schmale Bordürenleisten umrahmen die Dreiecke und erzeugen ein förmliches Gesamtbild.

Naturbelassener Bruchschiefer
Man muß naturrauhen Schiefer nicht unbedingt im traditionellen Ziegelsteinmuster oder Kante an Kante verlegen. Hier hat man grünen und olivfarbenen Schiefer zurechtgeschnitten, um interessante Strukturen und Muster zu schaffen, ohne daß die Komposition zu auffällig wirkt.

Naturbelassener Bruchschiefer
Kalibrierter Naturschiefer besitzt eine angerauhte Oberflächenstruktur und ist deshalb trittsicher. Dieser graugrüne Schiefer wirkt heller in Verbindung mit der hellgrauen Fugenmasse.

Mit Naturmaterialien und Neutralfarben in kontrastierenden Tönen kann man Bordüren, Rahmen und Schachbretteffekte kreieren. Der Effekt ist dezenter und angenehmer für das Auge als ähnliche Muster aus dunklen, auffälligen oder leuchtenden Kontrastfarben.

Ägäische Mosaiksteine und Quarzitplatten
Hier »schwimmen« stilisierte Fische auf einer Bordüre um die Innenfläche. Die Möglichkeiten, solche Mosaikbordüren mit Schiefer, Travertin oder anderen Steinplatten zu individuellen Dekoreffekten zu kombinieren, sind schier unbegrenzt. Verwenden Sie sie für Wände, Arbeitsflächen, Swimmingpools und so weiter. Sie sind frostbeständig und rutschfest, so daß man sie auch in gewerblichen oder Außenbereichen verlegen kann.

Naturstein im antiken Stil
Dieses Minimuster in einem freien Verlegeverband sieht aus wie eine verfallene, sonnenwarme Steinmauer, verziert mit Sternausbrüchen und abgesetzt gegen dunklere, karamelfarbene Riemchen.

Helle Terrakottaplatten im antiken Stil
Dieses zurückgewonnene Material ist über 150 Jahre alt. Mit diesen Fliesen können Sie Böden und Wände im provenzalischen Stil dekorieren und unter wärmeren klimatischen Bedingungen auch Innenhöfe und Veranden belegen.

Steinplatten aus Travertin im antiken Stil
Diese Fliesen erzeugen die Wirkung einer uralten Architektur, und die Einlegebordüre gibt ihnen zusätzlich Farbe. Verwenden Sie sie für Wände, Böden, Duschen und Arbeitsflächen. Da sie frostbeständig sind, kann man sie auch im Außenbereich verlegen.

Steinplattenboden im antiken Stil
Von oben betrachtet, erzeugt das komplizierte Muster ein Gefühl von Tiefe. Es ist dort angebracht, wo ein Ton-in-Ton-Design einen Gegenpol zu dem neutralen Farbschema bildet.

SCHWARZ UND WEISS

SCHWARZ ABSORBIERT DAS LICHT, WEISS ERGIBT EIN MAXIMUM AN REFLEXION. EIN MITTLERES GRAU NIMMT IMMER ETWAS VON DEM BENACHBARTEN FARBTON AN. DIE KOMBINATION VON SCHWARZ UND WEISS KANN ÜBERMÄCHTIG ODER ZU KRASS WERDEN. SORGFÄLTIG ABGESTIMMT, KANN SIE JEDOCH EINE UNÜBERTROFFENE, KLASSISCHE ELEGANZ ERZEUGEN.

SCHWARZ UND WEISS

FLIESEN AUSWAHL

Schwarz, Weiß und Grau sind die echten Neutralfarben (siehe auch »Neutral- und Naturfarben«), die nicht im Farbspektrum erscheinen. Grau entsteht durch Mischen von Schwarz und Weiß, die unterschiedlichen Helligkeitsstufen hängen vom jeweiligen Mischungsverhältnis ab. Für sich genommen kann Weiß oder Grau kalt, kahl und abweisend wirken. Schwarz dagegen wirkt schnell düster, da es das Licht absorbiert, und muß mit interessanten Oberflächenstrukturen kombiniert werden.

Schwarz symbolisiert Dunkelheit und Tod. Es ist die Farbe der Buße, des Grams, der Trauer und der Traurigkeit. Es ist zudem negativ besetzt und läßt an Satan, Hexerei, Schwarze Magie und Anarchie denken. Und trotzdem: In einigen Kulturen bedeuten schwarze Katzen Glück, und schwarze Garderobe ist vielen der Inbegriff von Understatement, Intellekt und Eleganz.

Weiß symbolisiert Reinlichkeit, Jungfräulichkeit, Unschuld und Keuschheit. In der Wappenkunde weist die Farbe Weiß auf Treue und Reinheit hin. Für die Griechen und Hindus ist sie die Farbe des klaren Wassers, und in der alten Mythologie verband man sie mit der Göttin des Mondes. Aber ein »weißer Fleck« im Erinnerungsvermögen oder Lebenslauf läßt nichts Gutes erahnen, und die weiße Parlamentärflagge steht für Schande und Unterwerfung. Weiß gilt als die Oberflächenfarbe mit der stärksten Lichtreflexion überhaupt, allerdings wirkt sie oft klinisch, herb und öde, ja sogar gräulich.

Grau ist die Farbe der Weisheit und Intelligenz (»Kleine grauen Zellen«, »Graue Eminenzen«), aber auch der Bürokratie. Sie ist zudem die Farbe nicht greifbarer, hauchfeiner

Substanzen, Spinnweben und Schatten, und wird von daher oft mit Eintönigkeit und »Grauen Mäusen« verbunden, die im Hintergrund verschwinden. Es ist die Farbe von Freudlosigkeit, des Stadtbildes aus Beton. Reine, helle und mittlere Grautöne besitzen die Eigenschaft, ein wenig des Farbtons zu übernehmen, mit dem sie kombiniert werden.

Sparsam eingesetzt, gibt Schwarz jedem Farbschema Biß, aber zu viel davon kann einen Raum »erschlagen«. Wenn man Schwarz mit Weiß oder einer anderen kräftigen Farbe zu einem Streifen- oder Schachbrettmuster verbindet, kann das sehr unangenehm für das Auge sein. Weiß besitzt die größte Helligkeit, und in einer glänzenden Oberfläche bewirkt es ein Maximum an Lichtreflexion. Weiß ist oft die kühle Komponente in einem »heißen« Farbkonzept aus Rot, Gelb oder Orange oder gibt dunklen, vollen Farben eine gewisse Brillanz. Zusammen mit Blau und einem Hauch Gelb verwendet, sorgt es für Frische in Bad und Küche; und in Verbindung mit Schwarz entsteht zeitlose klassische Eleganz. Weiß allein erzeugt ein Gefühl von Weite.

Grau ist viel einsatzfähiger und wandelbarer als Schwarz, denn es wirkt weniger schwer und lichtabsorbierend. Helle und mittlere Grautöne können ein dunkles oder sattes warmes Farbkonzept akzentuieren, wenn Weiß zu grell ist. Ein ausgefallenes, elegantes Farbschema erhält, wer Grau mit Pinktönen, Lavendel oder dunklem Weinrot kombiniert; man kann es aber auch mit einem zarten Rosé, Aquamarin, Lila, Zitronengelb, Korallenrot, Himmelblau, Pfirsich und Minzgrün kombinieren und erhält so einen weicheren Effekt. Ein Einrichtungsmuster, das auf Grau in Verbindung mit Schwarz und Weiß basiert, kann sehr flexibel sein und mit den richtigen Akzenten und Accessoires im Winter warm und im Sommer kühl erscheinen.

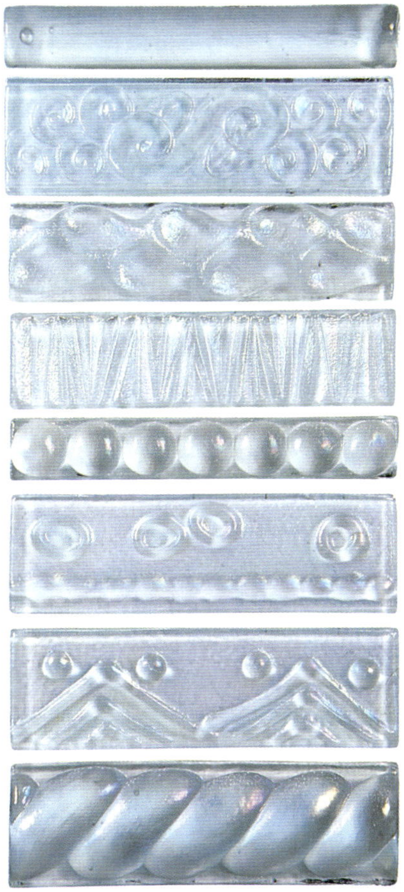

Glasierte Profilfliesen aus den USA
Diese Fliesen, die verschiedene neoklassizistische oder traditionelle Themen der Architektur aufgreifen – vom Seil über Rose, Muschel, Blatt und Quaste bis zum griechischen Mäander – lassen sich gut mit schlicht glasierten Fliesen und Eckdekoren zu Wandschmuck, Sockelzonen und so weiter kombinieren.

Glasierte Profilwandfliesen
Diese Fliesen sind frostbeständig und für Innen- wie Außenwände geeignet. Das variantenreiche Muster läßt viele verschiedene Gestaltungsmöglichkeiten zu, die alle klassische europäische Traditionsmuster bilden.

Wandfliesen mit Mattglasur
Dieses Wanddekor aus spanisch angehauchten Fliesen zeigt, wie man einen interessanten Sockel- und Struktureffekt aus schlichten »eintönigen« Fliesen aufbauen kann. Nicht alle Fliesen machen einen glänzenden, abweisenden Eindruck.

Glasierte Profilwandfliesen
Glänzend glasierte wie matte weiße Fliesen sind von zeitloser Eleganz. Der Geometrie-Effekt erinnert an das Design viktorianischer und edwardianischer Sockelzonen im Eingangsbereich.

Schlichte, krakeleeglasierte Wandfliesen
Hier bilden Fliesen in einem warmen Weißton ein Wandpaneel im Karospaliermuster, das von einer erhabenen Blätterkante sowie einer schmalen Perlbordüre umrandet ist.

Handwerklich gestaltete Profilfliesen
Diese einfachen, erhabenen Randfliesen zeigen ein stilisiertes Stern- und Rollenmuster und wurden so gestaltet, daß sie wie alte Stuckaturen aussehen.

Ausformreliefs mit glattglasierten Wandfliesen aus den USA
Die Verknüpfung einer Grundfliese mit einem Rosenmotiv und einer alten Bordüre mit Zweigrelief ergibt einen subtilen Wandschmuck.

Sämtliche der hier gezeigten Fliesen in gedeckten Weißtönen tragen ein Reliefdekor, entweder als Einzeldekor oder als Bordüre. Das Ergebnis ist schlicht und dezent und dennoch höchst eindrucksvoll.

Ausgeformte, geprägte Glasurfliesen aus den USA
Diese Meeres- und Strandmotive bilden einen Sockelabschluß und in Verbindung mit klassischen Profilleisten in unterschiedlicher Tiefe auch ein äußerst originelles Sockel- oder Wanddekor.

Amerikanische ausgeformte, glasierte Wandfliesen aus Ton
Diese Fliesen tragen »himmlische« Motive von Sonne, Mond und Sternen sowie dem Wind in weichem Altweiß. Nutzen Sie sie zur Begrenzung, oder verstreuen Sie sie auf einer Wand aus schlichten glasierten Fliesen.

Handgefertigte Wandfliesen mit Krakeleeglasur
Diese diagonal verlegten Fliesen werden von Profilbordüren aus Terrakotta und Ton in naturbelassener Färbung unterbrochen, die mit verschlungenen Akanthus- und Weinblättern oder gedrehten Bändern verziert sind und an die Arts-&-Crafts-Bewegung des 19. Jahrhunderts erinnern. Diese Kombination kann man an Innen- und Außenwänden anbringen (frostgeschützt, wegen des Terrakottas), und die weißen Fliesen eignen sich auch für einige Unterschränke.

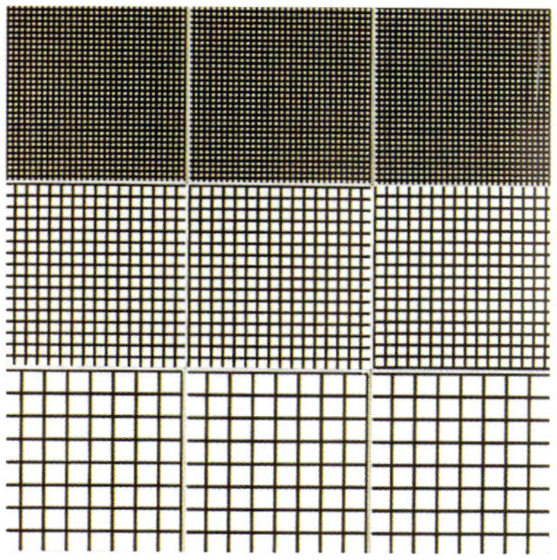

Glasierte Wandfliesen mit Siebdruckdekor
Dieses geometrische, lineare Muster wird im Siebdruckverfahren erzeugt und ist ideal für einen durchgestylten Minimalisten- oder High-Tech-Look in Küchen oder Bädern.

Bruchschiefer
Diese Fliesen wurden mit einer dekorativen Karomusterbordüre und weißen Einlegern zu einem geometrischen Blickfang kombiniert. Derartige Kombinationen lassen viele Gestaltungsmöglichkeiten zu.

Tonfliesen mit Lüsterglasur
Dieses ausgeprägte Karodesign wirkt wie eine optische Täuschung. Gehen Sie sparsam mit solchen Fliesen um, besonders in kleinen Räumen.

Handbemalte Wandfliesen aus Keramik
Diese schlichten schwarzen Fliesen zeigen eine Reihe handgemalter, abstrakter Muster in Weiß. Als Einstreuer in einem Badezimmer schaffen sie ein modernes Großstadt-Ambiente.

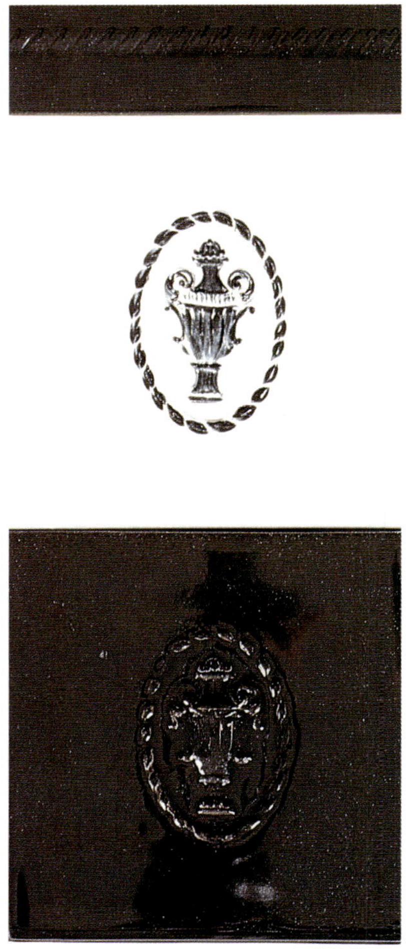

Wandfliesen aus Keramik
Die weiße Fliese trägt ein kompliziertes, mit Schwarz gemaltes Motiv, während die schwarze Fliese dasselbe Muster als Relief aufweist

Schwarze Fliesen eignen sich besonders gut für eine moderne, minimalistische Innengestaltung, und weiße Fliesen geben einen hervorragenden Hintergrund für Motive in leuchtenden Farben ab.

Glasierte Wandfliesen aus Keramik
Dieses Dekor suggeriert eine Glasmalerei und bringt in jeden dunklen Raum ein fröhliches Ambiente. Um das aus vielen Formen bestehende Format stärker hervorzuheben, verwendet man am besten einen farbigen Fugenmörtel.

Fliesen mit handdekoriertem Aufglasurmuster
Das individuelle Erscheinungsbild entsteht durch die Aufglasurtechnik in Verbindung mit Handmalerei. Hier wird die in weichen Farben schablonierte Seilbordüre auf weißem Grund mit weißen Grundfliesen zu einem 15-teiligen Wanddekor kombiniert, möglich sind aber auch andere Farbkombinationen.

Glasierte Wandfliesen aus Italien
Rechteckige weiße Fliesen wurden hier zusammen mit schwarzweißen Einlegedekors im Gittermuster verlegt und bilden so ein lebhaftes Streumuster – genau das Richtige für eine schmucklose oder dunkle Ecke.

Glasierte Wandfliesen aus Keramik
Schwarze und weiße Schachbrettfliesen werden von einer Reihe applizierter »Tiere auf dem Bauernhof« unterbrochen und von einer erhabenen Wolkenbordüre abgeschlossen.

Handgemalte, glasierte Wandfliesen
Diese Fliesen wurden mit klaren Farben auf weißem Grund bemalt. Sie können auch gut mit anderen Motiven, wie Früchten, Blättern und Blumen, kombiniert werden.

Von Hand geschnittene, glasierte Wandfliesen aus Mexiko
Diese für Bad, Dusche und Küche geeigneten Fliesen sind hier mit einem Fruchtdekor kombiniert. Einige diagonal verlegte Fliesen sorgen für Abwechslung.

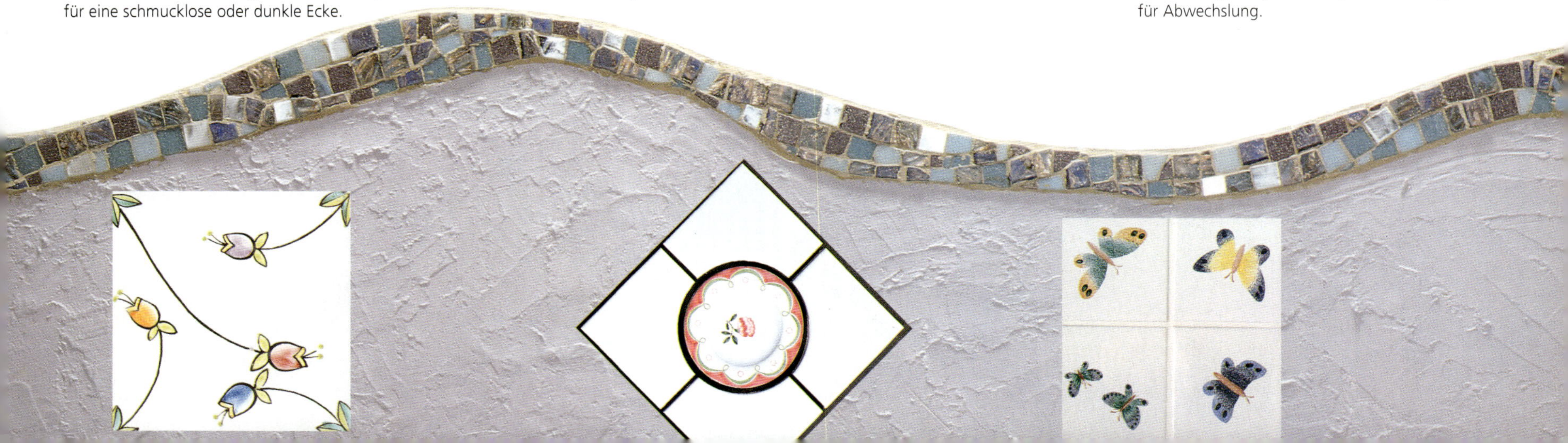

Handgefertigte, unglasierte Enkaustik-Fliesen
Diese Fliesen mit stilisierten Tiermotiven bilden ein attraktives Wand- oder Randdekor. Sie sind ein witziges Design für den Boden oder die Wickeltischauflage im Kinderzimmer.

Handgeformte, glasierte Wandfliesen aus den USA
Hier entstand aus einer gefliesten Schachbrettbordüre in Kombination mit schlichten Grundfliesen ein Dekor für Wand und Spritzschutz.

Tonfliesen für Wand und Boden
Hier hat man schwarze, blaugraue und altweiße Fliesen mit Fugenmörtel in einem helleren Grauton zusammengefügt. Das geometrische Sternenmuster würde gut in einen Wintergarten oder in ein großes Foyer passen.

Handgefertigte, unglasierte Enkaustik-Fliesen
Diese Dreieckfliesen kann man zu schlichten geometrischen Mustern zusammenstellen. Verwenden kann man sie für Böden, Wände, Arbeitsflächen (wenn sie versiegelt sind), Kamine, als Wandschutz und so weiter.

Stein mit glasierten Keramikfliesen
Der matte Stein bildet einen guten visuellen Kontext für die sattgrünen Fliesen. Die Kombination verschiedener Materialien kann interessante, reizvolle und oft auch ausgefallene Resultate erzeugen.

Kunstmarmorfliesen
Mit diesen Fliesen kann man interessante geometrische Wirkungen erzielen. Verwenden Sie sie für ein mediterranes Ambiente.

Handbemalte Wandfliesen aus Italien
Diese quadratischen Fliesen mit Karo-Abschlußleiste sehen aus wie klassische Achtecke mit Einlegern.

»Trau dich« heißt hier der Wahlspruch. Motive aus den zwanziger Jahren, Dalmatinerflecken, geometrische Muster – jedes dieser schwarzweißen Designs könnte ein herausragendes Gestaltungselement für jedes Zimmer sein.

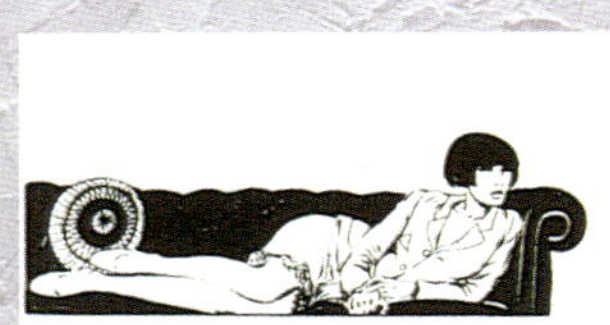

Spanische Wandfliesen aus Ton mit Kupferglasur
Diese Fliesen im Schachbrettmuster werden oben von einer einfarbigen Profilleiste und einer Bordüre im Flechtdekor abgeschlossen und unten von einer ausgeformten Leiste mit einem Ei-Stab-Motiv begrenzt.

Wandfliesen aus Keramik
Hier werden Fliesen in Schwarz und Preußischblau mit einem weiß-grauen Hintergrund verbunden. Die lichtreflektierende Oberfläche wirkt besonders gut in einem kleinen Badezimmer.

Mattglasierte Wandfliesen aus Ton
Weiße und steingraue einfarbige Fliesen stehen im Rautenmuster in einer erhabenen Reliefbordüre, die aussieht wie ein Bilderrahmen. Das mittlere Dekor eignet sich für Wand- und Arbeitsflächen.

Glasierte Wandfliesen aus Keramik
Diese Sterne und Rauten sind mit einer feinen Goldeinlage sehr aufwendig gestaltet. Die Verwendung sternförmiger statt quadratischer Einleger verleiht dem Spaliermuster einen islamischen Touch.

GLÄNZENDES METALLIC

METALLICS HABEN FÜR GEWÖHNLICH EINEN REIZVOLLEN GLANZ UND EINE PRÄCHTIGE OBERFLÄCHE. GOLD, MESSING UND KUPFER SIND WARM. SILBER, PLATIN UND ZINN WIRKEN KÜHL. EINE METALLISCHE OBERFLÄCHE STEIGERT DIE KRAFT UND WIRKUNG EINER FARBFLIESE, UND OFT GENUG GEWINNT EIN RAUM DURCH IHRE PRALLE OPULENZ ODER IHREN KÜHLEN SCHICK.

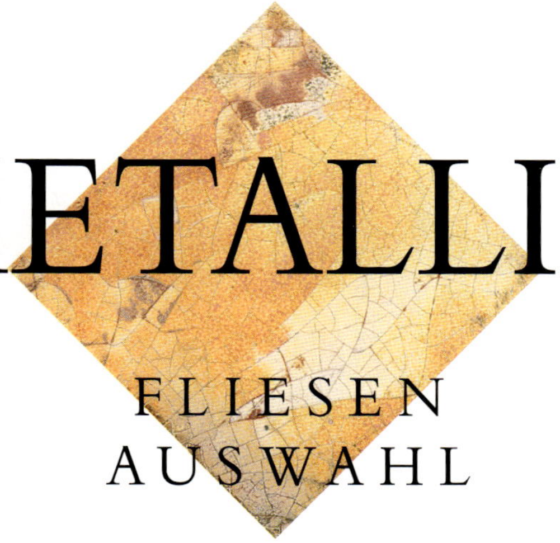

METALLIC

FLIESEN AUSWAHL

Metallic ist genau genommen keine Farbe, sondern eine spezielle Art von glänzender Oberfläche, die man auf fast jede Farbe aufbringen kann. Der Effekt wird gewöhnlich mit Metalloxiden in Verbindung mit Farbpartikeln hergestellt, die man auch für Glasuren, Tinten und Färbemittel verwendet, die wiederum für Wandfliesen, Farbanstriche und zum Bedrucken von Tapeten und Stoffen genutzt werden.

Diese Oberflächenbeschaffenheit reflektiert das Licht für gewöhnlich mit einem aparten Schimmer oder Glanz, der die Oberfläche strahlender, prächtiger, kräftiger und imposanter aussehen läßt, und jedes Muster optisch hervortreten läßt. Ebenso wie eine gewagte Farbe kann auch ein glänzender Metallic-Effekt störend und verwirrend wirken und sollte mit Bedacht eingesetzt werden.

Gold, Messing und Kupfer können als »warm« eingestuft werden und wirken ähnlich wie die hervortretenden Töne des Farbspektrums. Echtes Gold und Blattgold sind natürlich teuer und wertvoll; allerdings kann man Goldtöne mit Farbe und Glasur nachahmen. Messing und Kupfer sind weitaus preisgünstiger als Gold und können mit Farbpartikeln und Glasuren ebenfalls imitiert werden. Im Gegensatz dazu strahlen Silber, Platin, Stahl, Zinn und Chrom eine (manchmal geradezu eisige) Kühle aus, die verwandt ist mit hellem Grau und sich auch ähnlich verhält. Sie neigen dazu, sich zurückzuziehen, und die Lichtreflexion ihrer glänzenden Oberfläche scheint jedes Zimmer optisch zu erweitern.

Wandfliesen mit Hochglanzglasur
Man kann diese Fliesen mit farblich passenden schlichten, ähnlich glasierten Grundfliesen zu Mustern und Bordüren kombinieren oder als Streumotiv verwenden.

Glasierte Fliesen aus den USA
Der metallische »Ölschlick«-Effekt erzeugt raffinierte Wandverkleidungen. Das erhabene Schnecken-Motiv ist erstaunlich realistisch – hinterläßt es auch eine glänzende Spur?

Handgearbeitete, glasierte Wandfliesen
Herbstliche Bronzetöne sind durchsetzt mit reliefartigen Einstreuern mit Tiermotiven, die zusammen mit einer filigranen Blattgirlande auf weiteren Fliesen einen beinahe fossilen Anblick bieten. Sie können sie auch verwenden, um ein regelmäßiges Dekor aufzubauen; und der Frosch bildet das effektvolle Abschlußdesign.

Glasierte Profilmotive
Diese Bordürenfliesen sind mit einem satten Bronze- und goldenem Metallic-Finish glasiert. Man kann sie als dekorative Einfassung oder Rahmen verwenden oder mit anderen Fliesen zu Wandbildern, Sockelzonen und ähnlichem kombinieren.

Ob nun mit modernen abstrakten Mustern, als Teil eines Trompe-l'œil-Effekts oder mit flüssig wirkendem »Ölschlick« beschichtet – Metallic-Fliesen sind immer ein Blickfang.

Glasierte Keramikkacheln
Dieses Muster bildet ein strukturiertes Medaillon. Solche Kacheln kann man für Ofenverkleidungen, Innen- und Außenwände (wenn auch in keinem kalten Klima) verwenden, wo sie für dramatische Lichtreflexionen sorgen.

Glasierte Wandfliesen aus Italien
Diese Fliesen erzeugen Mosaikeffekte in »Designerfarben«. Hier hat man sie im Rautenmuster zu dramatischen Impressionen zusammengestellt.

Glasierte Wandfliesen aus den USA
Grundfliesen in prächtigen Edelsteinfarben in Kombination mit einer muschelförmigen Reliefleiste können mit einem auffälligen horizontalen Effekt verlegt werden oder als Bordüre, Riemchen oder Rahmen dienen.

Glasierte Wandfliesen
Die strahlenden Bronze- und prächtigen Edelsteinfarben werden hier mit quadratischen Mosaiksteinen kombiniert, die so als Einstreuer fungieren und exotische Effekte in Bad und Schlafzimmer oder im gewerblichen Bereich erzeugen.

PRAKTISCHER RATGEBER

DIE WAHL DES BELAGS

Für strapazierfähige, pflegeleichte Flächen sind Fliesen oft die vernünftigste Wahl. Fliesen gibt es in den verschiedensten Ausführungen: von Teppich- und Vinylfliesen bis hin zu rustikalen Stein- und Ziegelplatten. Dieses Buch befaßt sich mit harten Boden- und Wandverkleidungen, worunter man gewöhnlich eine dauerhafte oder zumindest langlebige Einrichtung versteht.

▲ Dieser traditionelle Belag für einen vorderen Zuweg zum Haus besteht ganz aus frostbeständigen Steinzeugfliesen in einem auffälligen geometrischen Muster. Das Design könnte sich im Eingangsbereich dieses viktorianischen Hauses fortsetzen.

Vergewissern Sie sich immer, daß die von Ihnen gewählte Fliese die ihr zugedachte Aufgabe auch erfüllen kann. Bodenfliesen sind fester, dicker und meist auch größer als Wandfliesen. Um sie härter zu machen, werden ihnen viele Zusatzstoffe (Kalkstein- oder Feuersteinsplitter, Silikate etc.) zugegeben, die der Oberflächenstruktur nach dem Brennen bisweilen ein leichtes Glitzern verleihen. Sie sind zudem schwerer als viele andere Bodenbeläge oder auch Wandfliesen und können deshalb in den oberen Stockwerken eines – umgebauten – Altbaus Probleme bereiten. Vergewissern Sie sich also zuerst, ob die Träger stark genug sind für das zusätzliche Gewicht (und lassen Sie sie notfalls verstärken). Manchmal ist es erforderlich, daß die für Wintergärten, Vorbauten, Veranden oder Zugangswege bestimmten Bodenfliesen eine optische Verbindung zum Haupthaus aufweisen. Außerdem müssen sie frostbeständig, das heißt, bei ausreichend hohen Temperaturen gebrannt sein, um Frost und Kälte zu trotzen und mögliche Rißbildung auszuschließen.

Wandfliesen unterscheiden sich stark von Bodenfliesen. Sie bestehen im allgemeinen aus Irdenware oder weißem »Porzellan«-Ton und haben eine dekorative (handbemalte, geprägte, ausgeformte etc.) oder eine glatte, glasierte Oberfläche. Ferner gibt es kleine Einlegefliesen und Einstreumotive, die als fester Bestandteil des Designs verwendet werden.

◄ Im Karomuster verlegte, venetianische Marmorplatten umranden einen Innenpool mit »ausschweifenden« Formen. In solchen Bereichen muß der Boden wasser- und rutschfest sein.

Wandfliesen sollte man nie als Bodenbelag verwenden, denn dafür sind sie nicht fest genug. Bodenfliesen kann man in einigen Fällen sehr wohl als Wandfliesen verwenden. Sie sind jedoch schwerer, dicker (nehmen daher Platz weg) und meist auch plumper. Viele Hersteller produzieren ein großes Sortiment aufeinander abgestimmter Boden- und Wandfliesen; das dürfte die bessere Wahl für ein nahtloses Design sein.

Es gibt auch spezielle Fliesen für Arbeitsflächen. Diese sind aber schwerer als einfache Laminatbeläge. Bei einigen Möbeln müssen daher die Rahmen verstärkt werden, um das zusätzliche Gewicht auszuhalten. Der Hygiene wegen müssen Fliesen für Arbeitsflächen unempfindlich gegen Öl, Säure und andere Kochflüssigkeiten sein; wählen Sie daher keinesfalls Fliesen, die porös oder mit einer Krakeleeglasur überzogen sind. In Einzelfällen kann man unglasierte Bodenfliesen für Arbeitsplatten verwenden, wenn man sie sorgfältig versiegelt und pflegt sowie einen speziellen Epoxidkleber (keinen -mörtel!) benutzt. Fragen Sie Ihren Fachhändler um Rat.

Ausführungen

Hochglanzpolierte Fliesen und solche mit einer schimmernden Auflage eignen sich nur für Wände und manche Arbeitsflächen, denn auf dem Boden wären sie äußerst gefährlich. Die Mehrheit der Bodenfliesen ist aus naheliegenden Gründen matt oder halbmatt.

Fliesen mit Oberflächenstruktur sind von visuellem Reiz und bieten zudem mehr Sicherheit am Boden. Allerdings kommt es vor, daß sich Schmutz in den Einkerbungen festtritt und die Reinigung erschwert. Bodenfliesen mit rustikalen Strukturen sind gut geeignet für einen Raum im ländlichen oder mediterranen Stil. Stein- oder Schieferplatten können eine naturrauhe Oberfläche aufweisen, was sie rutschfest macht, aber wiederum das Reinigen erschwert.

DIE GESTALTUNGS-MÖGLICHKEITEN

Da die meisten Fliesen rechteckig oder quadratisch sind, gibt es jede Menge Gestaltungsmöglichkeiten mit einfarbigen Fliesen, bevor man über Dekorfliesen auch nur nachgedacht hat. So sieht ein Schachbrettmuster immer elegant aus; es läßt einen kleinen Boden größer aussehen und scheint den ganzen Raum zu erweitern.

Man kann Fliesen so verlegen, daß sie spezifische geometrische Muster bilden. Dazu kann man schlichte Fliesen pfiffig anordnen, im Karomuster ausrichten oder mit verschiedenen Formaten einen Randeffekt erzeugen, um so ein Zimmer oder ein »herausragendes« Element zu umreißen. Fliesen lassen sich zu Streifeneffekten montieren, entweder horizontal, vertikal oder diagonal. Und man kann Fliesen diagonal zu Dreiecken schneiden, die die geometrischen Gestaltungsmöglichkeiten noch erweitern.

Alternativ kann man Fliesen so anbringen, daß sie sich in sanften Abstufungen über die Wand oder den Boden ziehen. Dazu beginnt man oben an der Wand mit hellen Fliesen und arbeitet sich mit immer dunkleren Schattierungen derselben Farbe nach unten vor . Auch ein Patchwork-Effekt mit einzelnen oder sogar alten Fliesen kann interessant wir-

▶ Kleine Enkaustik-Einleger machen die schlichten, glasierten Bodenfliesen in der Küche dieses Bauernhauses noch interessanter.

◀ Mit einfarbigen Fliesen kann man faszinierende geometrische Muster gestalten. Solche Designs wirken am besten an einer großen, durchgängigen Wand- oder Bodenfläche.

ken. Stellen Sie nach Möglichkeit nur Fliesen aus der gleichen Kollektion oder zumindest vom gleichen Hersteller zusammen. Falls das nicht möglich ist, stellen Sie sicher, daß Stärke und Gewicht einheitlich sind.

Viele handgearbeitete und handdekorierte Fliesen oder solche mit hohem Farbstoffanteil können von den verschiedenen Brennvorgängen leichte Abweichungen in Tönung und/oder Färbung aufweisen. Daher ist es unerläßlich, den Fliesenleger oder -lieferanten dazu zu bewegen, das gesamte Material auf einmal zu besorgen. Öffnen Sie sämtliche Kisten oder Paletten und legen Sie die Fliesen wahllos nebeneinander, da sich jegliche Abweichungen über eine große Fläche verteilt verlieren.

Uni und Dekor

Fliesen sind in einer verwirrenden Auswahl an Farben und Mustern auf dem Markt. Bordüren- und Motivfliesen können den oberen Abschluß eines einfarbigen Fliesenfeldes bilden, quer durch sie hindurchlaufen oder ein herausragendes Gestaltungselement betonen. Man kann Motivfliesen auch wahllos zwischen schlichte oder strukturierte Grundfliesen setzen, um den optischen Reiz zu erhöhen (obwohl das oft nicht so toll aussieht wie erhofft!).

Manche Fliesen werden eigens dazu hergestellt, um ein Gesamtbild über eine ganze Fläche aufzubauen, und können daher floral, geometrisch, erzählerisch oder ähnlich gestaltet sein. Wählen Sie nur solche, die zu dem Architektur- und Ausstattungsstil des Raumes passen (für manche Sortimente gibt es speziell abgestimmte Tapeten und Deko-Stoffe). Außerdem gibt es Fliesensätze, sogenannte Bildmotive (oder Fliesenbilder), die ein komplettes Bild ergeben. Manche werden fertig verpackt angeboten, andere muß man bestellen. So ein Fliesenbild kann ein interessanter Schmuck auf einer kahlen Wand sein. Auch ganze Raummotive aus Fliesen sind meist Bestellartikel und sehen an einem Swimmingpool, in einem langweiligen Foyer oder auch in Gewerberäumen sehr

Mut zu Bordüren

Manche Fliesen wurden speziell als Bordüre entworfen, um klare Strukturen zu schaffen, eine kahle Wand einzurahmen oder ein Einrichtungselement zu konturieren und abzugrenzen. Bordüren können streng geometrisch sein [A, B, E] oder floral-fließend [C, D]. Wählen Sie das Muster, das zum Stil des Raumes und dem Rest der Einrichtung paßt.

Entwerfen Sie eine Bordüre mit Unifliesen

Auch schlichte Fliesen kann man in die verschiedensten Formen schneiden und auf unterschiedliche Weise verlegen, um starke Wirkungen zu erzielen und Bordüren, Rahmen oder Dekorbilder herzustellen [F, G, H].

A

B

C

D

E

F

G

H

Stilvolle Bodenbeläge

Die geometrische Form von Fliesen macht die Planung eines grandiosen Bodens viel leichter. Hier sind ein paar Möglichkeiten abgebildet: vom Fischgrätmuster und Ziegelstein-Effekt [C, G, J] bis zu der klassischen Methode, eine quadratische oder achteckige Fliese mit einem eingeschlossenen Quadrat als Einleger zu kombinieren [B, E; F, K]. Diese Fliesen kann man mit einem Rand [A] zusätzlich begrenzen oder im Karo- bzw. Gittermuster verlegen [F, I, K]. Rhombenförmige Fliesen [D, H] sehen selbst dann fantastisch aus, wenn man sie auf konventionelle Weise verlegt.

A

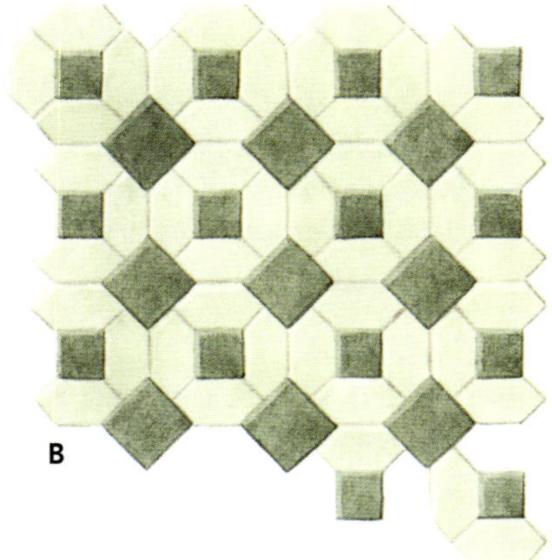

B

C

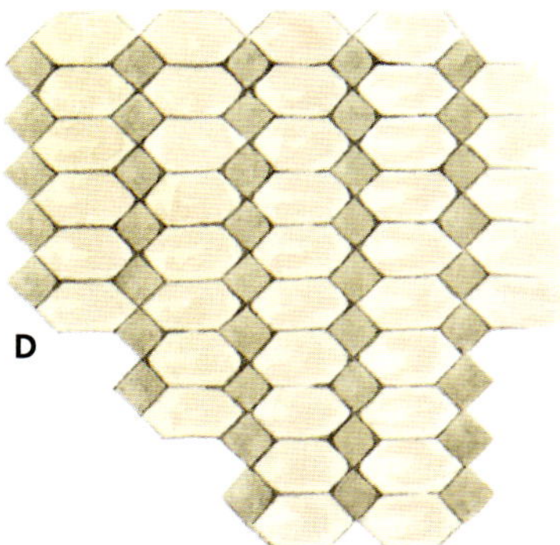

D

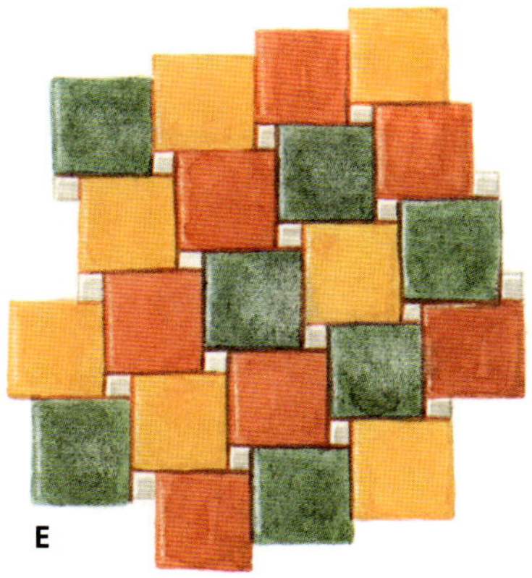

E

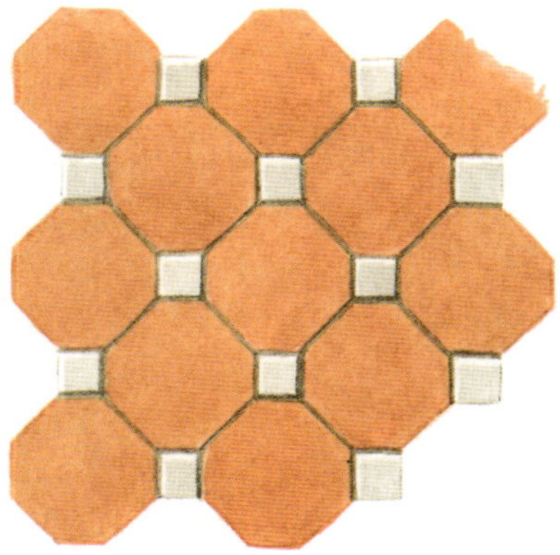

F

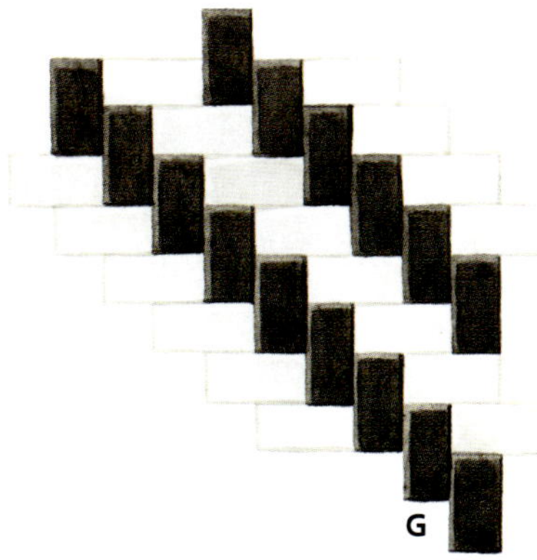

G

H

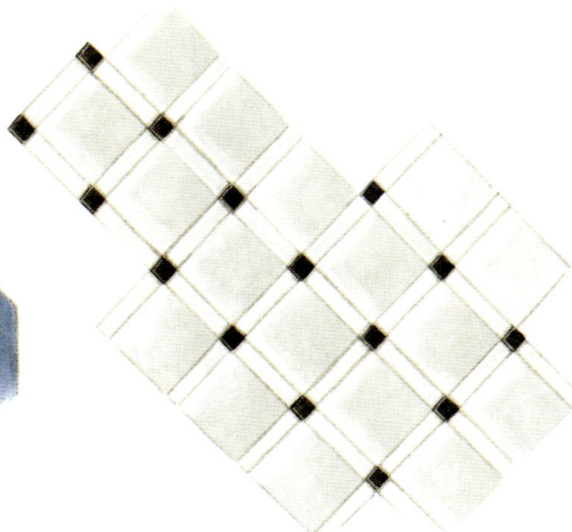

I

J

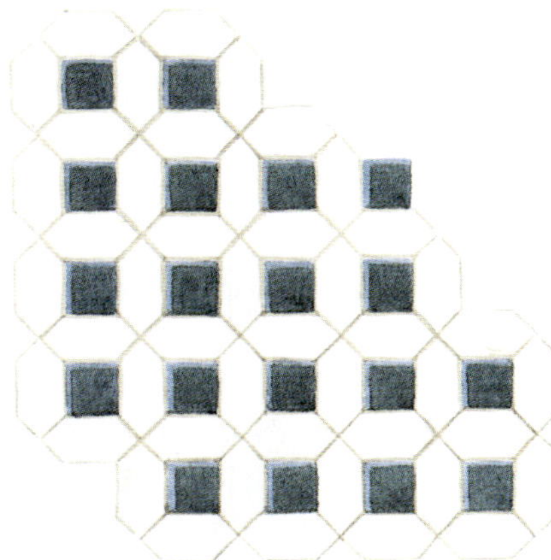

K

effektvoll aus. Die meisten schlichten Fliesen sind einfarbig. Das sehr abwechslungsreiche Sortiment läßt aber viele Gestaltungsmöglichkeiten zu. Als Alternative werden getupfte, marmorierte, Kammzug-, Farbverlauf- und Schatten- oder Streifeneffekte angeboten, die leicht vergrößernde Wirkung zeigen und sich gut in engen Badezimmern machen.

Erst abwägen, dann wagen

Denken Sie daran, daß auffällige Designs und kräftige Farben aufdringlicher wirken, wenn man sie durchgängig über große Wand- oder Bodenflächen verwendet. Großflächig eingesetzte hellere Farben und zartere Muster verschwinden dagegen eher unaufdringlich im Hintergrund. Halten Sie nach Möglichkeit die Farbregel ein, wonach die Größe des Musters oder die Intensität der Farbe im Einklang mit der Fläche stehen sollte. Ausstellungsräume mit Schiebewänden für Wand- und Musterauszüge für Bodenbeläge helfen Ihnen, die spätere Wirkung einzuschätzen. Mit Hilfe spezieller Spiegelkartons oder -tafeln kann man den Effekt von ein paar zusammengestellten Platten soweit vervielfältigen, daß man die ganze Wand (bzw. den Boden) beurteilen kann.

Wenn Sie Fliesen auswählen, nehmen Sie Proben der bereits vorhandenen Gestaltungselemente mit (Badausstattung, Stoffe etc.). Ist das nicht machbar, bitten Sie um ein bis zwei Musterstücke, um sie vor Ort zu begutachten. Betrachten Sie Wandfliesen an der Wand und Bodenfliesen am Boden – und unter realen Lichtverhältnissen, bei Tag wie bei Nacht.

◄ Ein handgemaltes Trompe-l'œil-Fliesenbild in kühlem Blau sieht in Küche, Bad, Diele, Eßzimmer und im Wintergarten frisch und elegant aus, da es den Raum visuell aufwertet, ohne ihn zu erdrücken.

◄ Naturbelassene Bodenfliesen aus Terrakotta in unterschiedlichen Farbtönen sind hier im Karomuster verlegt, um den Raum optisch zu erweitern. Die Bordüre deutet einen Läufer an – ein gutes Mittel, um einen langen, schmalen Flur aufzulockern.

DIE VORARBEITEN – UNTERGRUND

Wie bei jeder Innenraumausstattung wird das Ergebnis immer nur so gut wie die anfängliche Vorarbeit. Das gilt nicht nur für die Oberfläche, auf der Sie Ihre Fliesen verlegen, sondern noch viel grundlegender für bauliche Probleme, zum Beispiel für morsche Stellen, gleich ob feucht oder trocken. Wenn ein Bereich feucht ist, kann ein fester Dauerboden eine undurchdringliche Barriere sein, an der sich aufsteigende Feuchtigkeit sammelt und die Wände hochkriecht; oder eine feuchte Wand bröckelt und die Fliesen fallen ab!

Ein fester Dauerboden – zum Beispiel aus Fliesen, Stein, Marmor, Schiefer – ist sehr schwer. In Verbindung mit einer großen Badewanne voll mit Wasser oder in einer Küche mit wuchtigen, schweren Einbauten erhält dieser Faktor noch größeres Gewicht. Wenn Sie derartige Beläge für die oberen Stockwerke in einem Alt- oder Umbau in Erwägung ziehen, sollten vorher immer erst die Bodenträger überprüft und nötigenfalls verstärkt werden!

Vor dem Verfliesen sollten Sie sorgfältig alle Zusatzarbeiten in Betracht ziehen, die gegebenenfalls anfallen können. Eine neue Beleuchtung kann beinhalten, daß man Kabel in die Wand ziehen muß, und neue Sanitärinstallationen können neue Rohrleitungen nach sich ziehen. Verlegen Sie Kabel oder andere Leitungen möglichst nicht unter einem Dauerfußboden, denn falls etwas schiefläuft, muß unter Umständen der ganze Boden wieder herausgeschlagen werden, um den Fehler zu finden. Klüger ist es, Kabel und Leitungen an der Wand um den Boden herumzulegen und hinter Wandverkleidungen oder einer Hohlfußleiste zu verbergen. Wenn Sie die Wand verfliesen, sollten Sie eine Kabelführung hinter oder Schalter und Kontrollinstrumente innerhalb des Fliesenbereiches vermeiden. Um diesem Problem zu begegnen, kann man einen »Revisionsrahmen« setzen, der passend zur Wand verfliest wird. Es ist ferner sinnvoll, einen solchen Rahmen auch an Badewanne und Waschbecken anzubringen und passend zur Wand zu verfliesen. So sieht das Ganze ansprechend aus, und der Raum wirkt optisch größer. Der Rahmen muß so angebracht werden, daß er im Bedarfsfall leicht zu entfernen ist.

Was kommt worauf – Wände

Bevor Sie die Fliesen anbringen, muß der Untergrund eben, glatt sowie fett- und staubfrei sein.

Putzwände können meist gefliest werden. Lassen Sie frischen Putz mindestens einen Monat trocknen, und versiegeln Sie ihn dann mit Haftgrund, bevor Sie ihn verfliesen. Alter Putz sollte abgeschmirgelt, jegliche Risse gefüllt werden. Lassen Sie den Füllspachtel trocknen, und behandeln Sie größere Stellen mit Haftgrund vor, bevor Sie weiterarbeiten.

Holzspanverlegeplatten (Gipsbauplatten) kann man verfliesen, wenn sie fest und gut verankert sind. Nehmen Sie aber keine allzu schweren Fliesen. Die Vorbehandlung erfolgt wie bei Putzwänden oder Wänden mit Farbanstrich.

Wände mit Farbanstrich kann man zwar verfliesen, sie müssen aber gegebenenfalls vorher angeglichen werden. Stellen Sie sicher, daß die Farbe fest mit der Wand verbunden ist. Entfernen Sie alle alten Haken, Nägel, Dübel etc. Verspachteln Sie jedes Loch, und schmirgeln Sie jede Unebenheit ab. Wenn Ihnen ein Bereich des Farbbelags suspekt vorkommt (z. B. weil er Feuchtigkeit ausgesetzt war, Ausblühungen trug, flockig oder krümelig ist), sollten sie ihn mit Haftgrund vorbehandeln. Eine glänzende Farbschicht wird mit Sandpapier mattgeschmirgelt und dann mit Lackqueller abgelaugt. Verfahren Sie ähnlich mit Dispersions- und Binderfarben und ritzen Sie dann die gesamte Fläche mit einem Farbkratzer in einem Abstand von 10 cm diagonal kreuzförmig ein. Bei einer derart vorbereiteten Fläche können Sie sicher sein, daß sich der Kleber mit der Wand verbindet. Falls nötig, grundieren Sie die Fläche noch mit Haftgrund.

Tapezierte Wände sind zum Verfliesen ungeeignet (das gilt auch für die schwereren Prägetapeten). Die Tapete muß vollständig entfernt, und vorhandene Risse müssen zugespachtelt werden. Dann die Fläche abschmirgeln, ablaugen und gegebenenfalls mit Haftemulsion grundieren. Ein (kreuzweises) Anritzen dieses Untergrundes ist vor der eigentlichen Verlegearbeit nicht empfehlenswert.

Verkleidete Wände eignen sich im Normalfall nicht zum Verfliesen. Man kann jedoch spezielle Styropor- oder Holzwolleleichtbauplatten (HWP) für die Bereiche herstellen, an denen Sie Zugang zu der Wand dahinter haben wollen. Diese müssen nicht schön, aber stabil sein; ungeschützte Holzrahmen sollten mit einer ölhaltigen Grundierung vorbehandelt werden.

Eine Holzvertäfelung kann nach dem Verfliesen brüchig werden, es ist daher besser, sie zu entfernen. Hartfaserplatten sind zu schwach zum Verfliesen, und Spanplatten oder Dämmplatten quellen auf, wenn sie feucht werden. Behandeln Sie die Wand hinter der Täfelung je nach Beschaffenheit vor (Vorsicht: Mit einer Holztäfelung hat man früher manchmal alte Fliesen überdeckt!).

Vorhandene Fliesen können, sofern sie fest mit der Wand verhaftet sind, überfliest werden. Die Wand sollte aber zuvor sorgfältig geprüft werden – wenn die neuen Fliesen sehr schwer sind, können sie die alten von der Wand reißen. Wenn die Wand massiv ist, sollten Sie gebrochene oder lose Fliesen entfernen und die Stellen mit Füllmörtel glatt verspachteln. Rauhen Sie die Fläche kräftig mit einem groben Schleifpapier an und laugen Sie sie ab. Der Fliesenkleber braucht hier mehr Zeit zum Trocknen als auf einer verputzten oder gestrichenen Wand. Lassen Sie die Fliesen daher vor dem Verfugen einen längeren Zeitraum ruhen (ca. 3-4 Tage). In einer solchen Situation sind die mit einem Netz im gleichen Abstand gehaltenen »Universalfliesen« mit mehreren abgeschrägten Glasurkanten sehr praktisch und leichter zu verlegen.

Was kommt worauf – Böden

Es ist besser, Böden von einem Fachmann verlegen zu lassen, der Sie berät, einen Kostenvoranschlag erstellt und dann die Arbeiten auch ausführt. Viele Fliesenhersteller, -händler und -importeure können geeignete Vertragspartner empfehlen. Es ist sinnvoll, mindestens zwei bis drei Angebote einzuholen. Fragen Sie, bevor Sie den Auftrag erteilen, wieviel Zeit die Arbeiten in Anspruch

◄ Exotische klassische Muster auf glasierten Wand- und Bodenfliesen schaffen hier einen erhöhten Badebereich im türkischen Stil und erinnern an die islamischen Fliesenwände, die im 17. und 18. Jahrhundert in den Harems und Palästen des mittleren Ostens zu sehen waren. Junge Männer auf »Kavaliersreise« ließen sich von solchen Wandverkleidungen inspirieren und ahmten sie nach, wenn sie – wieder zu Hause – ihre historischen Häuser und Herrensitze renovierten.

nehmen werden und was es kostet; und fragen Sie ruhig auch nach Referenzen zufriedener Kunden, sofern Ihr Auftragnehmer nicht gerade vom Hersteller empfohlen wurde.

Beton- oder Zementböden kann man gewöhnlich direkt verfliesen, sofern sie glatt, eben und sauber sind. Bei Unebenheiten muß der Boden mit Ausgleichsmörtel vorbehandelt werden.

Direkt auf der Erde Manche Altbauten besitzen keinen Unterboden, die Steinplatten wurden dann gewöhnlich direkt auf die Erde gelegt. Man kann hier wieder so verfahren, sofern der Bereich nicht feucht ist, aber ein Estrich dürfte zufriedenstellendere Ergebnisse bringen. Steinzeugfliesen werden gewöhnlich in einem Mörtelbett verlegt und sind für solche Situationen besonders gut geeignet.

Dielenböden kann man nicht direkt verfliesen. Holz kann sich verziehen, und die Fliesen können bei dieser Bewegung bersten. Holzfußböden müssen mit einer 15 mm starken Sperrholzplatte für Außenbereiche abgedeckt werden, die die Feuchtigkeit des Klebers aushält. Die Platte sollte versetzt angebracht werden, damit sie nicht parallel zu den Dielen liegt, und wenn nötig sollte man auch für Revisionsrahmen sorgen. Einige Holzfußböden, wie Parkett, kann man inzwischen direkt auf einer Zementgrundlage verlegen; Dielenbretter befestigt man dagegen normalerweise auf Holzträgern. Besser ist es, die Holzfußböden herauszunehmen und von Grund auf neu zu beginnen.

Vinyl und Linoleum kann man mit Fliesen belegen, sofern der Originalunterboden in gutem Zustand und der Belag gut verklebt, sauber und eben ist. Vinyl und Linoleum müssen mit einer Spezialgrundierung vorbehandelt werden.

Alte Fliesen, Steinplatten etc. Vielleicht ist es möglich, den vorhandenen Bodenbelag zu restaurieren, indem man gebrochene oder abgewetzte Fliesen auswechselt. Wenn Sie beabsichtigen, den gesamten festen Belag zu erneuern, arbeiten Sie nicht mit Ausgleichsmasse und legen Sie keinen neuen Dauerboden obenauf – es ist viel besser, den alten Belag professionell abnehmen zu lassen und woanders wieder zu verwerten. Ein solcher Boden ist vielleicht genau das, was jemand anders sucht, und Sie haben durch den Verkauf des alten Bodens mehr Geld in der Tasche für einen neuen.

FLIESEN SELBST VERLEGEN

Wenn es um die konkrete, physische Arbeit geht, ist es am besten, realistisch zu sein und die eigenen Grenzen zu akzeptieren. Einen Boden zu verlegen ist schwere Arbeit, aber das Verfliesen von Wand und Arbeitsflächen liegt durchaus im Bereich der Möglichkeiten eines durchschnittlich geschickten Menschen.

Wände zu verfliesen ist nicht sonderlich schwer, und das Verfliesen von Arbeitsflächen ist sogar noch einfacher. Mit Ihrer Erfahrung und den Informationen aus diesem Buch werden Sie schnell herausfinden, welche Oberflächen Sie belegen können und welche nicht. Sie können also beide Aufgaben in Angriff nehmen, solange Sie die folgenden Regeln beherzigen. Fangen Sie mit einer geeigneten Fläche an – sauber, eben und trocken; kaufen Sie die richtigen Fliesen in genügender Anzahl und benutzen Sie das richtige Werkzeug für Ihre Arbeiten. Vergewissern Sie sich, daß Sie über eine ausreichende Menge Fliesen ebenso verfügen wie über den richtigen Kleber und Fugenmörtel.

Fußböden verlegen

Fußböden zu verfliesen ist harte Arbeit. Da ein solch harter Boden zumeist ein dauerhafter Bestandteil des Hauses wird, sollte man sich vielleicht besser an einen Fachmann wenden. Ein Fliesenleger, der sich auf Böden spezialisiert hat, ist hier vermutlich die beste Möglichkeit, obwohl auch viele Maurer qualifiziert sind, die meisten Dauerbodenarten zu verlegen. Viele Fliesenhändler bieten gleichzeitig auch Verlegearbeiten an, andere können meist geeignete Fliesenleger in Ihrer Umgebung empfehlen.

Viele Wintergarten-, Küchen- und Bäderspezialisten, die Paketlösungen für Entwurf, Auf- und Einbau im Angebot haben, bieten zusätzlich an, Wände und Fußböden zu verfliesen. Andere sehen solche Aufgaben als Teil der Innenraumgestaltung an, der nicht im Service enthalten ist. Prüfen Sie Ihr Angebot genau daraufhin, was es enthält.

Steinzeug- und auch manche Keramikfliesen können Sie auch selbst verlegen. Allerdings müssen Steinzeugfliesen im Mörtelbett verlegt werden, was schwere Vorarbeit bedeutet. Marmor-, Schiefer-, Naturstein-, Granit-, Irdengut- und Steinfliesen läßt man im allgemeinen besser von Fachleuten verlegen. Sie werden sicherstellen, daß der Unterboden in Ordnung ist – und ihn notfalls ebnen, verstärken oder den Estrich ausbessern. Sie wissen ferner, welche Sorte Kleber, Fugenmörtel und abschließende Oberflächenbehandlung angezeigt ist. Wenn Sie den Boden selbst verlegen, gehen Sie mit dem Hersteller oder der Lieferfirma die Materialliste durch. Und denken Sie daran, daß die Oberflächenbehandlung trittsicher sein sollte.

Wenn Sie den Boden selbst verlegen, planen Sie auch, wie Sie vorgehen, damit Sie sich nicht im Zimmer »einmauern«. Während die Fliesen anziehen und Mörtel, Kleber oder Fugenmasse trocknen, müssen Sie den Raum verlassen und die Tür schließen (manchmal kann das drei Tage dauern). Verlegen Sie die Fliesen anschließend entsprechend dem zuvor ausgearbeiteten Design. Beginnen Sie immer mit der Ecke, die am weitesten von der Tür entfernt ist und arbeiten Sie sich dann in Richtung Ausgang vor.

► Interessant und fast strukturiert wirkt diese pfiffige Zusammenstellung von Bodenfliesen in warmen Naturtönen. So ein komplexes Design mit schweren Fliesen herzustellen, überläßt man am besten einem Fachmann.

Böden und Wände gestalten

Lassen Sie das Verlegen von einem Experten vornehmen, können Ihnen Hersteller von Einzelanfertigungen und Fliesenstudios ein individuelles Design erarbeiten. Sie können selbst ein einmaliges Dekor oder eines im Stil einer Trompe-l'œil-Wandmalerei entwerfen und verlegen. Einige Spezialisten bieten einen CAD (Computer Aided Design)-Service an, mit dem sie Ihnen einen maßstabgetreuen Ausdruck mitsamt Mengenangaben über die Anzahl der benötigten Fliesen erstellen können.

Alternativ kann Ihnen auch ein Innenarchitekt die Last von den Schultern nehmen. Sie arbeiten ohnehin am liebsten vom Boden aufwärts, weil der Boden zu den langlebigsten Bereichen eines Raumes gehört, zu dem alle anderen Flächen in Beziehung gesetzt werden, einschließlich der Möbel, die darauf stehen. Innenraumgestalter versuchen gewöhnlich, Ihre Wünsche und Bedürfnisse zu ermitteln – einschließlich des verfügbaren Budgets. Sie werden messen und dann mit einer Musterkollektion und Plänen erscheinen und mit einer groben Kostenschätzung. Sowie Ihnen ein Design gefällt, holen sie verbindliche Angebote von Lieferanten und Handwerkern ein und bestellen dann die Materialien. Bitten Sie Ihren Innenarchitekten darum, die Angebote für den Zeitraum einzuholen, in dem die Arbeiten durchgeführt werden sollen, und um eine Aufstellung der eigenen Kosten. Die meisten Innenarchitekten überwachen jeden Schritt der Bau- und Gestaltungsarbeiten; falls diese Arbeiten also mit Staub und Dreck verbunden sind, ist dies die beste Gelegenheit, kurzzeitig zu verreisen.

Falls ein bestimmtes Muster oder Dekor für eine bestimmte Wand- oder Bodenfläche geplant ist, wird man Ihnen gewöhnlich detaillierte Pläne und/oder Aufrißzeichnungen sowie Grundrisse vorlegen. Falls Sie sich nicht sicher sind, wie ein bestimmtes Design wirkt, bitten Sie um Alternativvorschläge. Diese werden meist auf einer gesonderten Auflegemaske erstellt, so daß Sie sich ein Bild von der Gesamtwirkung machen können, indem Sie sie über die Maßstabzeichnung von Wand oder Boden legen.

DAS DESIGN ENTWERFEN

Zeichnen Sie sich die Wirkung einer gefliesten Fläche zunächst auf Papier vor. So können Sie Änderungen vornehmen, ohne Fehler zu machen, und zudem läßt sich damit die Menge der benötigten Fliesen leichter ermitteln. Wenn Sie Wand oder Boden vom Fachmann entwerfen und verlegen lassen, arbeitet die Firma vielleicht mit CAD (Computer Aided Design). Sie können sich den Effekt auf dem Bildschirm ansehen und erhalten einen Ausdruck sowie eine Auflistung der erforderlichen Fliesenanzahl. Bestellen Sie vorsichtshalber immer ein paar Fliesen mehr!

Experimente auf Papier können Ihnen auch ohne CAD dabei helfen, sich über eine bestimmte Wirkung oder Art der Zusammenstellung klar zu werden. Betrachten Sie diese Entwürfe in dem zu fliesenden Raum und sprechen Sie auch mit anderen Familienmitgliedern darüber. Es ist hilfreich, auf kariertem oder Millimeterpapier einen maßstabgetreuen Plan von dem entsprechenden Wand- oder Bodenbereich zu zeichnen und verschiedene Effekte auf Auflegemasken aus Pauspapier auszuprobieren.

Beginnen Sie mit dem exakten Ausmessen und der Vorbereitung der Ausgangspläne (erledigen Sie das selbst, auch wenn Ihnen ein Architekten- oder Bauherrenplan vorliegt). Erstellen Sie einen Grundriß; das ist ein flacher Plan, der den Raum so darstellt, als betrachte man ihn von oben. Dieser Plan muß die exakte Position von Türen enthalten (und zeigen, in welche Richtung sie aufgehen), von Fenstern, Alkoven, Nischen und Vorsprüngen (wie Schornsteinen), ferner von Heizkörpern, Einbaumöbeln, Sanitärobjekten, elektrischen Anschlüssen und so weiter.

Wenn die Wände verfliest werden sollen, machen Sie einen Aufriß für jede Wand. In diesem grundrißähnlichen, zweidimensionalen Plan von der Wand muß sämtliches festes Inventar wie Fenster, Türen etc. im richtigen Maßstab und an der richtigen Stelle enthalten sein. Ein Aufriß ist von unschätzbarem Wert, wenn man die Fliesen um Fenster, Türen und andere Einrichtungsgegenstände herum verlegen muß.

Werkzeug

Für eine exakte Messung benötigen Sie ein etwa 2 m langes, aufrollbares Stahlmaßband (Stoffmaßbänder dehnen sich bei längerem Gebrauch aus), ein Senkblei, eine Wasserwaage, einen Anschlagwinkel, Zeichenblock und Stifte.

Um die fertigen Pläne zu zeichnen, brauchen Sie ein Lineal (mit Meßskala), einen Winkelmesser (um saubere Ecken zu zeichnen), einen Zirkel (um Kurven/Türanschläge zu zeichnen), Bleistifte, eine Reißfeder oder einen guten Kugelschreiber sowie Millimeter- oder Pauspapier für den fertigen Plan und/oder Auflegemasken.

Ausmessen

Es ist sehr hilfreich, jemanden zu haben, der bei der Arbeit hilft: das andere Ende des Maßbandes hält, vielleicht Ihre Messungen nochmal überprüft oder Ihnen die Meßergebnisse (laut) abliest, damit Sie sie aufschreiben können. Fertigen Sie zuerst eine grobe Skizze von Raum und Boden an – in diesem Stadium muß sie noch nicht exakt sein. Dann mißt man exakt aus und trägt die Maße in den Plan ein. Man beginnt damit in einer Zimmerecke und arbeitet sich von da aus nach außen vor. Halten Sie beim Messen das Maßband straff und stellen Sie mit Wasserwaage und Senkblei sicher, daß Ihre Messung auch genau waagerecht beziehungsweise senkrecht verläuft. Die horizontalen Maße nimmt man am besten am Boden. Messen Sie die Höhe und Tiefe von Fußleiste, Sockel, Sockelleiste und Fensterrahmen, Tiefe und Breite von Fensterbänken, Abstand der Fenster vom Boden, Höhe der Türen und Türrahmen, Fensterrahmen etc.; markieren Sie die exakte Position der Einbaumöbel, elektrischen Anschlüsse und Leitungen. Nehmen Sie auch das Diagonalmaß von Wänden und Boden, um den fertigen Plan zu überprüfen.

Übertragen Sie Ihre Meßergebnisse aus der groben Skizze auf kariertes Papier (ein Quadrat sollte einer Maßeinheit entsprechen). Arbeiten Sie zunächst mit Bleistift, und wenn der Plan korrekt ist, ziehen Sie die Zeichnung mit Tinte nach. Zeichnen Sie die Form des **Grundrisses** exakt in Ihrem gewählten Maßstab auf. Im allgemeinen nimmt man einen Maßstab von 1:25 oder 1:50. Vermerken Sie jeden Vorsprung und jede Nische. Zeichnen Sie den Türanschlag mit dem Zirkel und exakte Ecken mit dem Winkelmesser. Fertigen Sie den **Aufriß** im selben Maßstab genauso an. Auch hier muß die genaue Position von

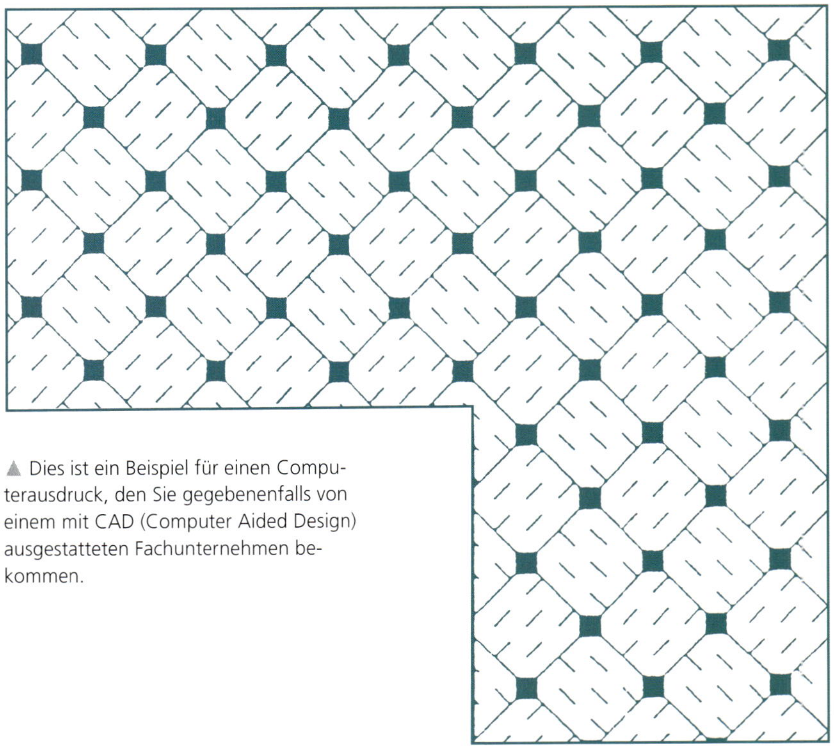

▲ Dies ist ein Beispiel für einen Computerausdruck, den Sie gegebenenfalls von einem mit CAD (Computer Aided Design) ausgestatteten Fachunternehmen bekommen.

Fenstern, Türen, Einbaumöbeln und sonstigen festen Ausstattungselementen (wie Spüle, Küchenelemente, Badewanne) an der Wand eingetragen werden. Geben Sie eine »Randzugabe«, wenn ein solches Element verkleidet werden soll.

Arbeiten Sie nun mit diesem Plan das Fliesenmuster für Wand oder Boden aus. Ziehen Sie dazu einige Fotokopien vom Ursprungsplan; dann können Sie Ihr Design auf schlichtes Pauspapier übertragen und die jeweilige Wirkung mit Buntstiften andeuten. Mit solchen Transparent- oder Pauspapierauflegern kann man außerdem die beste Positionierung der Fliesen ermitteln und so schwierige Kanten und schief plazierte Motive vermeiden. Muster oder Motive müssen auf architektonischen Details ebenso zentriert werden wie eine Tapete. Wenn Ihr Design sehr kompliziert wird, ist es sinnvoll, nach einem Maßstab von 1 Papierkaro zu 1 Fliese vorzugehen. Mit einem exakten Plan und dem fertigen Entwurf können Sie dann die genaue Anzahl an benötigten Fliesen berechnen.

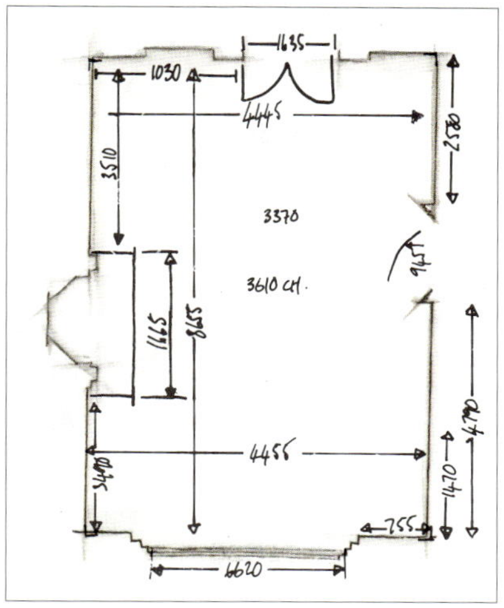

▲ Skizzieren Sie einen Grundriß, und zeichnen Sie darauf sämtliche wichtigen Maße ein. Zeichnen Sie jeden Türanschlag mit einem Zirkel ein und vergessen Sie die architektonischen Besonderheiten nicht.

Den Bedarf einschätzen

Prüfen Sie die Größe der Fliesen. Es gibt zwar quadratische und rechteckige Standardmaße, aber Importfliesen können andere Formen und Maße aufweisen. Und es gibt auch noch andere Formate – Achtecke, Rhomben, spezielle ineinandergreifende Formen und Dreiecke (obwohl es üblicher ist, eine quadratische Fliese diagonal zu schneiden, wenn man Dreiecke verwenden will). Bordürenfliesen, die hergestellt werden, um eine verflieste Fläche oben abzuschließen, sind gewöhnlich schmal in der Höhe, entsprechen dagegen in der Breite den dazugehörigen Fliesen. Stellen Sie immer sicher, daß Sie genug Fliesen kaufen, um die Arbeit fertigstellen zu können, und daß diese aus derselben Brenncharge kommen (die Chargennummer steht auf dem Karton). Die Farbe kann von Charge zu Charge ganz erheblich schwanken.

Standardmaße für Wandfliesen sind:
10 x 10 cm
12,5 x 12,5 cm
15 x 15 cm
15 x 20 cm
20 x 20 cm
20 x 25 cm
20 x 30 cm

FLIESENMENGEN EINSCHÄTZEN

Zeichnen Sie einen Plan von jeder Wand (auch Aufriß genannt). Multiplizieren Sie die Breite mit der Höhe (A), um die gesamte Wandfläche zu errechnen. Verfahren Sie ebenso mit Türen (B), Fenstern (C) und anderen architektonischen Details (D). Ziehen Sie diese Flächen nun von der Gesamtfläche ab, und Sie erhalten die zu verfliesende Quadratmeterzahl. Wenn Sie diese durch die Fliesenfläche teilen, bekommen Sie die Anzahl der benötigten Fliesen. Berücksichtigen Sie dabei Bruch und schwierige Stellen!

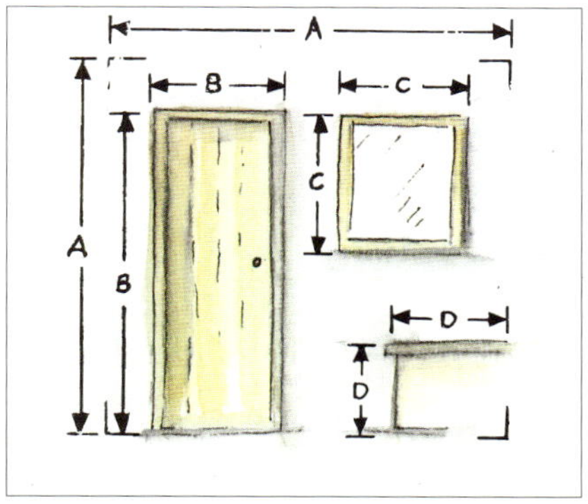

Daneben sind diverse »falsche« Mosaiken erhältlich. Das sind strukturierte und eingekerbte Standardfliesen, die wie ein Mosaik aussehen, aber wie gewöhnliche Fliesen verlegt werden. Echte Mosaiksteine (2,5 x 2,5 cm oder 5 x 5 cm) werden meist als Platten auf einem Fasergeflecht-Rücken verkauft. Solche Fliesen verlegt man mit dem Rücken auf dem Kleber. Einige tragen vorn ein Folienpapier, das man nach dem Ausrichten mühelos abziehen kann. Die Platten messen meist 25 x 25 cm oder 30 x 30 cm in der Gesamtfläche, und mit diesem Maß kann man auch den Gesamtbedarf ausrechnen. Wenn die kleineren Mosaiksteinchen nicht einzeln erhältlich sind, kann man sie vom Plattenrücken abziehen und einzeln verlegen. So kann man sie zum Beispiel als Einleger sehr dekorativ mit schlichten, meist farblich abgesetzten Oktogonen verlegen – ein sehr klassisches Muster, besonders auf Böden. Vergewissern Sie sich immer, daß Grundfliesen und Einleger zusammen verlegt werden können: Tiefe, Glasur, Größe etc. müssen jeweils vergleichbar sein.

Kleine Bodenformate sind:
15 x 10 cm
15 x 15 cm (Steinzeugfliesen)
20 x 15 cm
20 x 20 cm und größer.

Manche Naturstein-, Schiefer- und ähnliche Platten sind noch größer (30 x 40 cm oder 30 x 30 cm). Und alte Steinfliesen oder aus Altbauten wiedergewonnene Irdengutplatten können mit 50 x 50 cm und größer selbst diese Maße übertreffen. Prüfen Sie die Fliesenmaße daher lieber zweimal, bevor Sie auf Ihrem karierten Papier Muster und Effekte entwerfen oder Bedarfsmengen errechnen.

Eine Fliesenwand braucht saubere Kanten. Sie nur halb oder teilweise zu verfliesen und mit einer Bordüre abzuschließen, ist recht einfach. Wenn Sie statt Bordürenfliesen normale Fliesenquadrate verwenden, so sollten die sichtbaren Kanten vollständig glasiert sein. Universalfliesen besitzen rundum abgeschrägte Glasurkanten und können daher für Ecken und Kanten genutzt werden.

Dieses Problem tritt bei Bodenfliesen fast nie auf, denn sie stoßen direkt an die Fußleiste an. Wo in den Türöffnungen verschiedene Bodenbeläge aufeinandertreffen, könnte eine Türschwelle als Bindeglied erforderlich werden. Es gibt sie in unterschiedlichen Ausführungen, aus Metall oder aus Holz, wobei man Holztürschwellen farblich passend zum Boden streichen kann. Daneben sind auch spezielle schlanke Verbindungsfliesen im Handel.

MIT GESTALTUNGSMÖGLICHKEITEN EXPERIMENTIEREN

Zeichnen Sie von jedem Abschnitt einen Plan; im Idealfall entspricht 1 Quadrat 1 Fliese.

Nun das Design in den Plan einzeichnen – mit Bleistift, um radieren zu können.

FLIESEN SCHNEIDEN

Wandfliesen lassen sich recht einfach schneiden, bei Bodenfliesen ist das schon schwieriger. Dies zu lernen, erfordert ein wenig Übung, und vielleicht zerbrechen auch ein paar Fliesen dabei. Sorgen Sie daher unbedingt für ausreichend Material, damit Sie sich solche Fehler erlauben können! Glasierte Fliesen sind im wörtlichen Sinne »verglast«, das heißt die Schnittkanten können sehr scharf sein. Ziehen Sie also lieber Handschuhe an, wenn Sie Fliesen schneiden.

Die meisten Wandfliesen haben eine glasierte Oberfläche und sind ziemlich spröde. Wenn man die Oberfläche eingeritzt hat, brechen sie ganz leicht an der Markierungslinie ab. Zeichnen Sie diese Linie auf der glasierten Seite mit einer metallenen Hauschiene auf und ritzen Sie sie dann mit einem Fliesenschneider ein. Dabei sollten Sie Schutzhandschuhe tragen. Zeichnen Sie nie mit einem Filzstift auf der Rückseite der Fliesen; die Farbe kann eindringen und auf die Vorderseite durchsickern. Die herkömmliche Methode besteht nun darin, ein Streichholz in Höhe der Bruchkante unter den Fliesenrücken zu legen und fest auf beide Seiten zu drücken, um einen glatten Bruch zu erhalten. Oder Sie besorgen sich ein Schneidegerät mit integriertem Richtprofil und verfahren wie in der Gebrauchsanweisung beschrieben.

Soll die Fliese um einen Lichtschalter, einen Fensterrahmen oder ein Leitungsrohr passen, zeichnet und ritzt man die Aussparung auf dieselbe Weise ein und »knabbert« dann solange kleine Stückchen mit einer Fliesenzange ab, bis die gewünschte Form erreicht ist. Oder man verwendet eine spezielle Fliesensäge.

EINE FLIESE IN ZWEI TEILE SCHNEIDEN

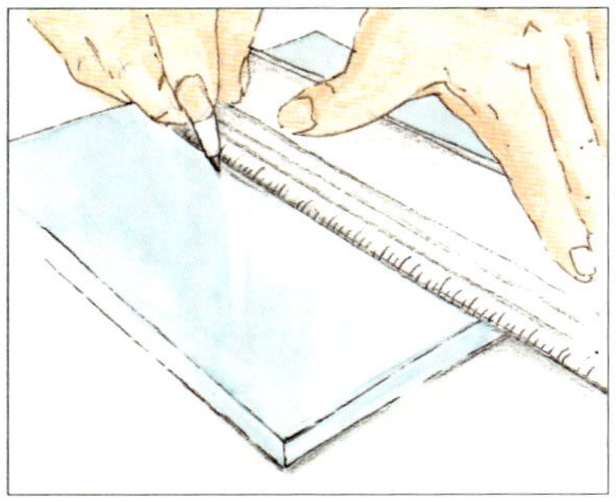

Mit Fliesenschneider und Lineal eine gerade Linie auf der Glasurseite der Fliese ziehen.

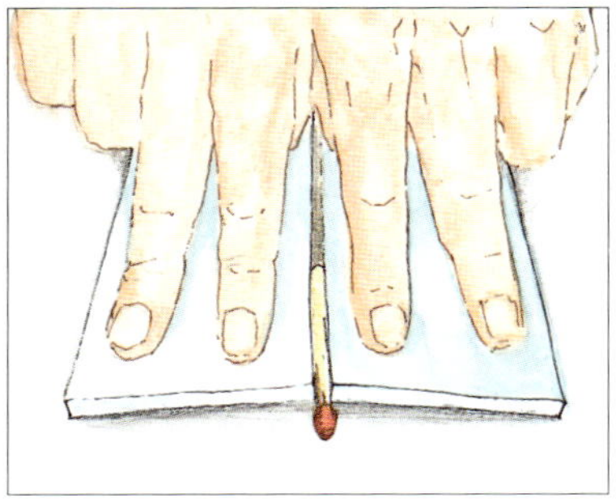

Legen Sie ein Streichholz unter die markierte Linie; drücken Sie beide Kanten nach unten.

AUSBRÜCHE MIT GERADEN KANTEN

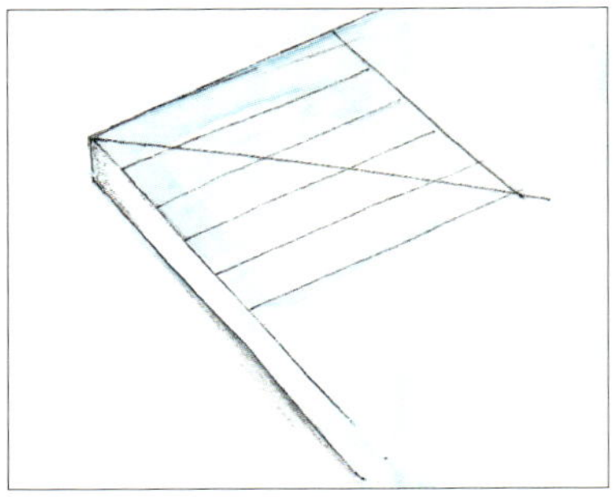

Die Konturen des Ausbruchs einritzen, dann diagonal über die Ausbruchsfläche ritzen.

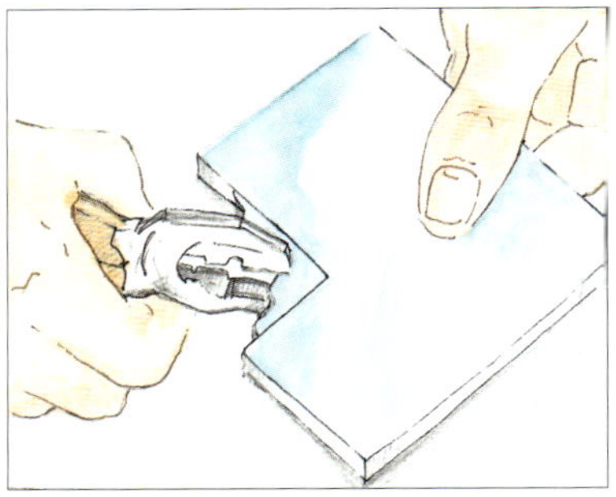

Jetzt die Ecke stückweise abbrechen unc die Bruchkante glätten.

AUSBRÜCHE MIT GEBOGENEN KANTEN

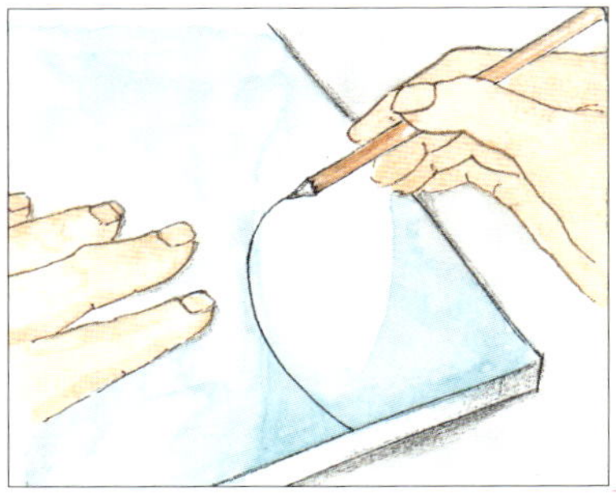

Die Form auf ein Pappmodell zeichnen und auf die Fliese übertragen. Dann einritzen.

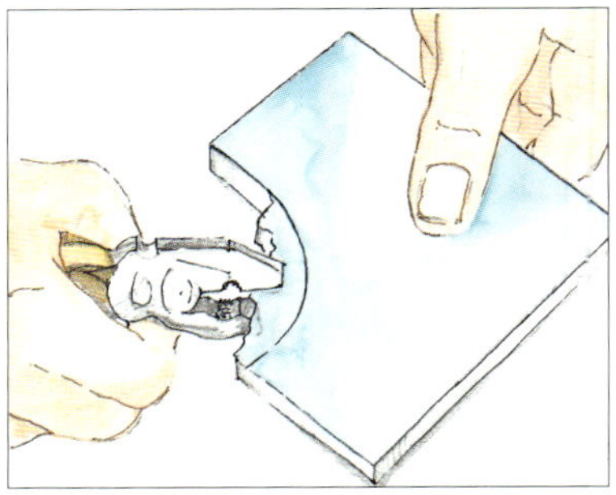

Die gebogene Ecke stückweise ausbrechen und die Bruchkante glätten.

Rauhe Kanten kann man mit einem Kaborundum-Schleifstein oder einer Fliesenfeile nachschleifen. Will man ein Quadrat oder Rechteck aus einer Fliesenecke brechen, ritzt man erst den Umriß ein und fährt dann mit dem Fliesenschneider kreuzweise über die Fläche dieses Stückes. So läßt sich die Ecke mit einer Fliesenzwickzange leichter ausbrechen. Mit einer Bügelsäge zu arbeiten ist einfacher, aber die Klinge ist sehr scharf. Die Fliese muß sorgfältig auf einem festen Untergrund abgestützt werden, wobei der abzutrennende Teil über dessen Kante hinausragt. Manchmal ist es ratsam, die Fliese in einen Schraubstock oder eine spezielle Werkbank einzuspannen. Dabei muß sie abgepolstert werden, damit sie nicht splittert. Und schließlich gibt es noch Fliesenbrechzangen. Dieses Spezialwerkzeug hat ein Schneidrad, um die Glasur einzuritzen, und Backen, die man an der Rißkante auflegt. Preßt man die Griffe zusammen, schließen sich die Backen und brechen die Fliese. Eine der einfachsten Methoden, ein kreisrundes Loch in die Mitte einer Fliese zu »bohren« besteht darin, erst ein Papier- oder Pappmodell anzufertigen, die Umrisse auf die Fliese zu übertragen, die Fliese zu halbieren und die beiden Halbkreise stückchenweise auszubrechen oder auszusägen.

Es gibt zudem spezielle Formgebungswerkzeuge, die Ihnen eine Vorstellung von schwierigen Formen vermitteln; bewegliche Plastik- oder Metallzähne bilden jede Form nach, gegen die sie gedrückt werden und geben so eine exakte Vorlage ab. Dies ist bei schwierig profilierten Fensterrahmen, Waschbecken-Umrandungen etc. sehr hilf-

EIN KREISRUNDES LOCH IN DIE FLIESENMITTE SCHNEIDEN

Die Fliesen anritzen und halbieren. Dann mit einem Modell die Halbkreise zeichnen.

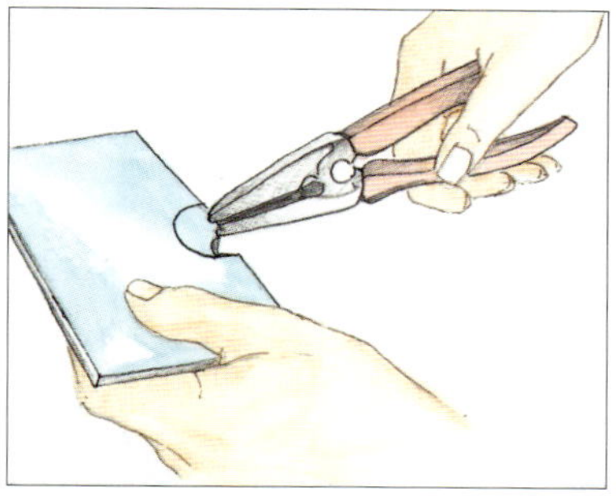

Die Halbkreise stückweise ausbrechen und die beiden Hälften wieder zusammenlegen.

LÖCHER IN FLIESEN BOHREN

Heften Sie markierte Klebestreifen auf die Fliese, damit der Bohrer nicht abrutscht.

reich. Mit den Formen kann man direkt auf die Fliese zeichnen oder auch erst ein Modell herstellen.

Wenn Sie ein Loch in eine Keramikfliese bohren müssen, erledigen Sie das am besten, wenn die Fliese an Ort und Stelle sitzt. Dann die Bohrstelle ausmessen, einzeichnen und einen Streifen Isolierband auf die Stelle kleben, damit der Bohrer nicht abrutscht. Setzen Sie einen speziellen, spatenförmigen Fliesenbohrer in die Bohrmaschine ein und schalten Sie auf eine langsame Stufe. Schützen Sie Augen, Gesicht und Hände vor der als feiner Glasstaub umherfliegenden Glasur.

Bodenfliesen

Bodenfliesen sind viel schwerer zu schneiden als Wandfliesen. Ein normaler Fliesenschneider reicht hierfür nicht aus, man kann jedoch mit einer robusten Fliesensäge kleine Stücke abtrennen. (Dazu die Fliese in einen Schraubstock oder eine Fliesenwerkbank mit Schutzpolstern klemmen.) Für Bodenfliesen müssen Sie spezielles Schneidewerkzeug kaufen oder mieten, und wenn Sie mit dicken Platten arbeiten (wie Naturstein), benötigen Sie eine professionelle Trennmaschine. Verlangen Sie beim Mieten auch die Gebrauchsanweisung.

Bei sehr schweren Platten und Natursteinen arbeitet man am besten mit einem Winkelschneider. Tragen Sie dabei stets Schutzkleidung inklusive Schuhwerk, und legen Sie die Platten auf eine stabile Unterlage. Legen Sie den Schleifer erst ab, wenn das Schleifrad stillsteht.

◀ Eine Auswahl an Terrakottafliesen in warmen Erdtönen für Böden und Arbeitsflächen. Solche Fliesen sind dicker und härter als Wandfliesen und viel schwerer zu schneiden – am besten überläßt man dies einem Fachmann.

FLIESEN AUSFUGEN

Der Fugenmörtel gibt den meisten Fliesenflächen erst den letzten Schliff und sorgt dafür, daß kein Wasser oder andere Flüssigkeiten in die Zwischenräume eindringen. Fliesen werden etwa 12–48 Stunden nach dem Verlegen verfugt, wenn der Kleber fest ist (die empfohlene Zeitspanne steht auf der Verpackung). Im Normalfall hat der Fugenmörtel eine neutrale Farbe, man kann aber auch »Fugenbunt« kaufen oder den Mörtel selbst einfärben, wenn die Linienführung der Fugen ein wesentlicher Bestandteil des Designs sein soll.

Fugenmörtel ist als Pulver oder gebrauchsfertig in kleinen Eimern erhältlich. Das Pulver muß nach Herstelleranweisung zu einer recht steifen, glatten Masse angerührt werden. Fertiger Fugenmörtel muß gut durchgerührt und nach Gebrauch wieder verschlossen werden. Wenn Sie die Fläche nicht in einem Arbeitsgang verfugen können, rühren Sie nicht mehr Pulver an, als Sie gerade brauchen. Arbeiten Sie so schnell wie möglich, denn der Mörtel härtet rasch aus.

Es gibt unterschiedliche Fugenmassen, achten Sie also auf die richtige! So muß man für Küchenarbeitsflächen einen speziellen Epoxidharz verwenden, weil der gegen Kochspritzer und Säuren resistent ist. Er wird aus hygienischen Gründen auch für Böden empfohlen. Verfugen kann eine recht matschige Angelegenheit sein, decken Sie daher besser alles andere drumherum ab.

Entfernen Sie gegebenenfalls Fugenkreuze oder Streichhölzer. Dann die Fugenmasse mit einer speziellen Fugenkelle, einem Fuggummi oder einem nassen Schwamm auf der verfliesten Fläche verstreichen. Arbeiten Sie schnell, und pressen Sie dabei den Mörtel gut in die Lücken. Wischen Sie Mörtelreste sofort mit einem feuchten Schwamm von den Fliesen ab. Reste von Epoxid-Fugenmasse müssen mit einem Spachtel entfernt werden. Sowie die Fugenmasse zu trocknen anfängt, fährt man mit einem abgerundeten Holzstäbchen zwischen die Fugen, um sie zu glätten und um Lückenbildung zu verhindern. Noch verbliebene Mörtelreste auf den Fliesen müssen sofort entfernt werden. Anschlußfugen, die entstehen, wenn die Fliesen gegen andere Flächen stoßen (Badewanne, Spüle und so weiter), läßt man frei – sie müssen mit Silikon oder Acryl versiegelt werden, wenn der restliche Fugenmörtel trocken ist. Fugenmörtel, der versehentlich in diese Zwischenräume fällt, muß vollständig wieder ausgekratzt werden.

Auf dieselbe Weise verfugt man auch Fußböden; man beginnt in der Ecke, die am weitesten von der Tür entfernt ist, und arbeitet sich rückwärts zum Ausgang vor, wobei man die gerade verfugten Fliesen ständig reinigt. Sowie der Mörtel fest wird, zieht man einen Holzdübel durch die Fugen und prüft, ob sich nirgends Luftblasen befinden. Dann nach Herstellerangaben austrocknen lassen.

Natursteinplatten sollten Sie vor dem Ausfugen versiegeln. Lassen Sie sich eine Versiegelung empfehlen (beliebt sind zwei Schichten verdünntes Leinöl), verfugen Sie sie, und reiben Sie mit einem groben Tuch nach. Noch verbliebene Mörtelflecke auf der Oberfläche entfernt man mit Sägemehl. Streuen Sie es über den Boden, verreiben Sie es mit einem feuchten Tuch und fegen Sie dann die Reste zusammen.

Gestaltungstips

Wer eine Fläche nicht ganz neu verfliesen will, kann sie auch neu verfugen und ihr so neues Leben einhauchen. Eine neue Farbe als Randbegrenzung – farblich abgesetzt oder passend zur Fliese – kann ein wichtiges Gestaltungsmittel sein.

STANDARD-FUGENMÖRTEL

Den Mörtel diagonal auf den Fliesen verstreichen und dabei in die Lücken pressen.

Für ein gleichmäßiges Ergebnis ziehen Sie ein Holzstäbchen an den Fugen entlang.

EPOXID-FUGENMASSE

Mit der Applikatorkante lange, dünne Fugenstreifen in die Zwischenräume drücken.

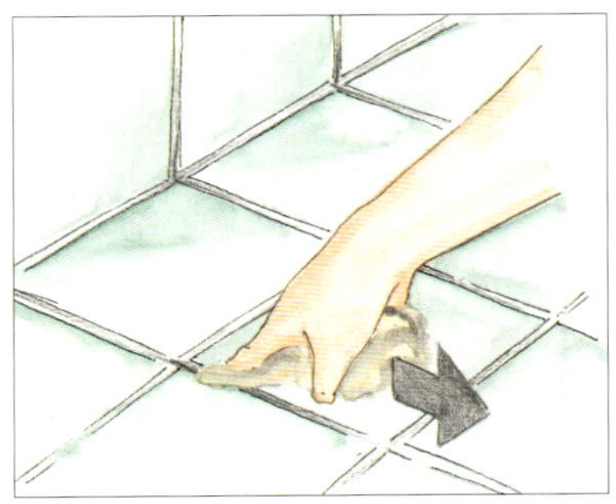

Mit weichem, feuchtem Tuch an den Kanten entlangfahren, stets in derselben Richtung!

WÄNDE VERFLIESEN

Eine ganze Wand zu verfliesen, ist für halbwegs geschickte Menschen nicht allzu schwer. Beim ersten Mal empfiehlt es sich, mit einem einfachen und recht kleinen Wandstück wie einem Spritzschutz, Sockel oder ähnlichem anzufangen. Das Geheimnis eines guten Fliesenlegers liegt in der gründlichen Vorplanung – Sie müssen sich über das Endergebnis im klaren sein, bevor Sie losstürmen, um kistenweise Fliesen zu kaufen.

Kaufen Sie immer das beste Werkzeug, das Sie sich leisten können, und gehen Sie sorgsam damit um. Stellen Sie vor Arbeitsbeginn sicher, daß auch alle benötigten Materialien vorhanden sind, das heißt genügend Fliesen, Kleber, Fugenmörtel und so weiter – nichts ist frustrierender, als mitten in der Arbeit kein Material mehr zu haben!

Die Wand einteilen

Eine gut verflieste Wand läßt ein Gesamtkonzept erkennen, ist angenehm für das Auge, über auffälligen Raumelementen zentriert (z. B. über einem Fenster, einer Ofenecke, einem Waschbecken), »fällt nicht von der Wand« und zeigt gut aufeinander abgestimmte Muster. Keine Fliese sollte so geschnitten werden müssen, daß die Stelle unbeholfen aussieht.

Dies zu erreichen, bedeutet in der Regel, in der Mitte der zu verfliesenden Fläche zu beginnen und sich nach außen zu den Ecken vorzuarbeiten, wobei die zugeschnittenen (gleich großen) Teilfliesen an beiden Enden der Reihe zu liegen kommen. Schwierig wird das, wenn Vorsprünge, Nischen oder Fenster zu verfliesen sind.

Messen Sie den exakten Mittelpunkt der Wand aus und ziehen Sie dort mit Hilfe des Senkbleis eine senkrechte Mittellinie. Dann legt man eine Fliesenreihe trocken aus, indem man links und rechts dieser Linie je eine Fliese plaziert und die Reihe bis in die Ecken fortführt. Wenn es dort unschön aussieht oder diffizile Schnitte erforderlich werden, kann man auch eine Fliese am Mittelpunkt zentrieren. Das ist oft die beste Methode, wenn man den Spritzschutz hinter einem Waschbecken verfliesen will; man zentriert dann eine einzelne Fliese zwischen den Wasserhähnen.

Fertigen Sie aus einem Stück Holz eine Meßlatte oder Anschlagschiene mit Einteilungen in Fliesenbreite und halten Sie sie an verschiedene Wandstellen, um zu sehen, wie die Fliesen »fallen«. So kann man auf horizontaler wie vertikaler Ebene verfahren. Bei nicht quadratischen Fliesen benötigt man zwei Latten.

Die unterste Fliesenreihe muß zwingend eben sein. Das bedeutet, in der effektiven Waagerechten (der »Flucht«) zu arbeiten, die nicht unbedingt mit der Fußleiste oder dem Boden übereinstimmen muß. Dazu zieht man mittels Setzlatte und Wasserwaage eine sogenannte »Fluchtschnur« über die ganze Wand.

Alternativ kann man die Setzlatte auch etwa eine Fliesenbreite über dem Boden an der Wand leicht festnageln. Die Schnur sollte nicht mehr als eine Fliesenbreite über dem Endpunkt liegen; man kann das mit einer Fliese überprüfen. Wenn der Boden uneben ist und zwischen Schnur und Fliese eine Lücke entsteht, muß man die Schnur neu ziehen, beziehungsweise die Latte neu setzen. Wenn Sie mehr als eine Wand verfliesen wollen, führen Sie die Schnur auch über die anderen Wände fort und prüfen Sie wiederum in regelmäßigen Abständen mit der Wasserwaage, ob sie auch »fluchtgerecht« ist.

VORBEREITUNG

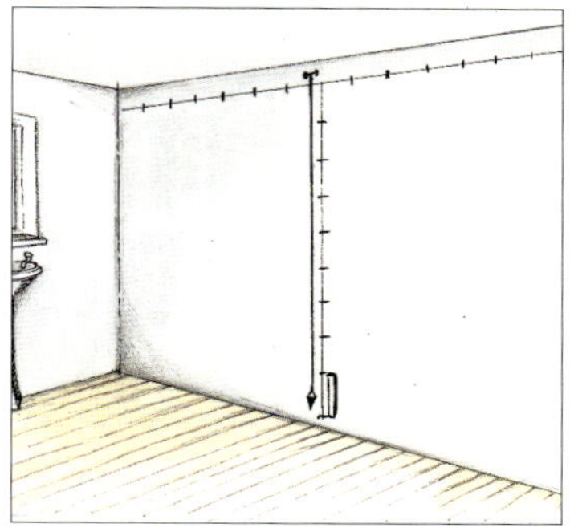

Die faktische Vertikale lotet man mit einem Senkblei aus, die Horizontale mit einer Wasserwaage.

◀ Wenn sich das Badezimmer- oder Küchenfenster direkt über dem Waschbecken befindet, können verflieste Fensternischen eine sehr praktische Einrichtung sein.

EINE WAND MIT HILFE VON RICHTLATTEN VERFLIESEN

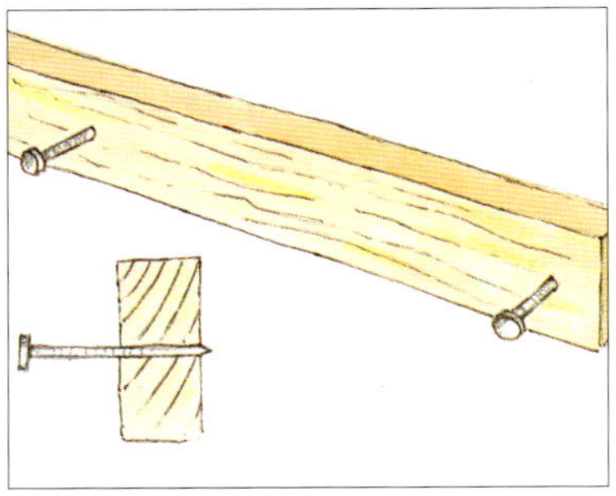

Zeichnen Sie die Grundlinie an die Wand. Schlagen Sie Nägel durch die Holzlatte.

Befestigen Sie die Latte auf gleicher Höhe wie die Grundlinie.

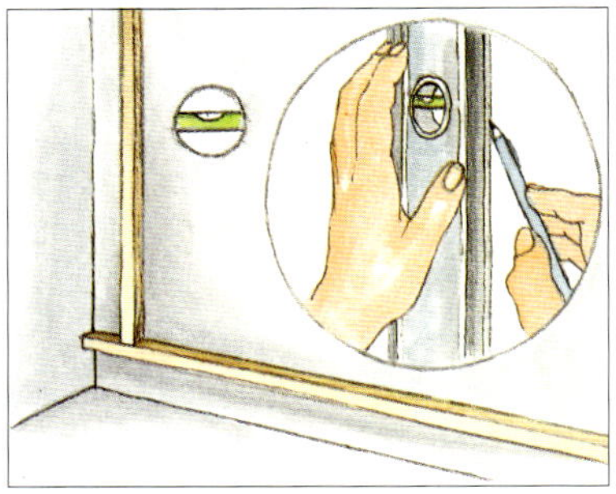

Mit einer Wasserwaage die Linie einzeichnen, wo die letzte ganze Fliese sitzen wird.

An der Linie eine Richtlatte befestigen; wo beide Latten zusammentreffen, beginnen.

Nach dem Verfliesen den Kleber zwischen Richtlatte und Fliesen entfernen.

Richtlatten entfernen. Fliesen für die verbliebenen Zwischenräume passend schneiden.

ECKEN VERFLIESEN

An den Innenecken muß eine Seite die andere überlappen.

Die Außenkanten mit einer Stoßfuge abschließen.

FENSTERNISCHEN VERFLIESEN

Erst die Wand, dann die Nische (auf beiden Seiten gleichmäßig) verfliesen.

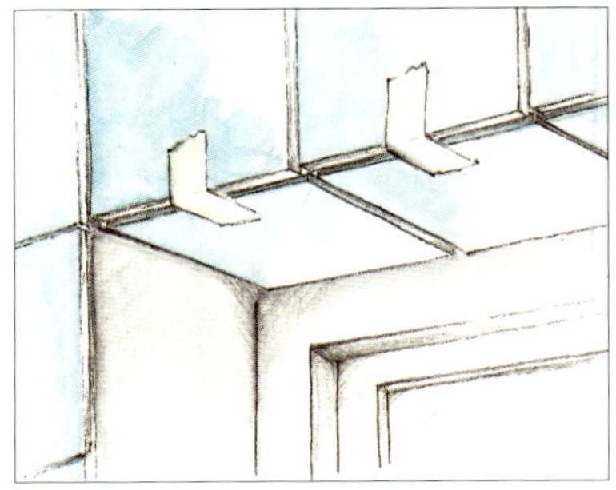

Zuletzt die Unterseite der Fensterleibung verfliesen. Die Fliesen mit Klebeband sichern.

Falls Sie um Türen oder Fenster fliesen, stellen Sie fest, wo die Fliesen dann sitzen werden. Messen Sie mit der Anschlagschiene die Fliesenbreite zwischen der Grundlinie und den festen Einrichtungsgegenständen, und wenn die Teilfliesen unschön ausfallen, verschieben Sie dementsprechend Grundlinie und/oder Mittelpunkt. Verlegen Sie die Fliesen in einer Linie mit Tür- und Fensterrahmen oder Badewanne etc.

Man kann auch auf kariertem Papier sehen, wie die Fliesen später sitzen. Das ist dann sinnvoll, wenn die Wand viele Besonderheiten hat oder das Muster sehr kompliziert ist. Setzen Sie 1 Karo mit 1 Fliese gleich.

Die Fliesen verlegen

Wer Fliesen mit fertigem Fugenmaß oder Universalfliesen verwendet, braucht keine Streichhölzer oder Fugenkreuze; für Fliesen ohne Schrägkanten sind sie allerdings erforderlich.

Nehmen Sie den empfohlenen Fliesenkleber (für Küchen und Bäder muß er wasserfest sein). Tragen Sie ihn mit einem guten Zahnspachtel vom Mittelpunkt aus auf die Wand auf. Dann verlegen Sie die Fliesen in Blöcken von etwa 1 Quadratmeter entlang der Wand. (Wenn man keine Fliesen schneiden muß, fängt man in der Ecke an.) Dabei kratzt man den Kleber mit dem Spachtelrücken aus dem Eimer und verteilt ihn in gleichmäßiger Schicht von 2 bis 3 mm auf der Wand, wobei man den Kleber mit den Zähnen »durchkämmt«.

Beginnen Sie jetzt, die Fliesen an die Wand zu legen und richten Sie sie dabei an der Setzlatte aus. Wenn ein Abdichtstreifen zwischen den Fliesen und einer Arbeitsplatte (oder Wanne) erforderlich wird, bettet man diesen im Kleber ein, bevor man die Fliesen daran ausrichtet. Drücken Sie jede Fliese auf dem Kleber fest in Position, und überprüfen Sie mit Lot und Wasserwaage, ob sie gerade sitzt.

Wer mit Streichhölzern oder Fugenkreuzen arbeitet, drückt diese jetzt oben und unten an den Verbindungskanten der Fliesen in den Kleber. Überprüfen Sie beim Weiterarbeiten regelmäßig die Position der Fliesen. Stellen Sie die Wand soweit fertig, wie das mit ganzen, ungeschnittenen Fliesen möglich ist. Dann 12-24 Stunden (bis der Kleber fest ist) trocknen lassen. Anschließend Richtlatten, Streichhölzer oder Fugenkreuze entfernen. Jetzt die Teilfliesen für die Randstücke ausmessen, zuschneiden und anbringen oder Bordürenfliesen verlegen. Wenn der Kleber trocken ist, kann man die Fliesen reinigen und verfugen.

ARBEITSFLÄCHEN VERFLIESEN

Geflieste Arbeitsplatten auf halbhohen Schränken sind praktisch und relativ einfach anzubringen, weil die Schwerkraft nicht gegen Sie arbeitet. Mit einer einzelnen Granit-, Schiefer- oder Marmorplatte, durchgängig über alle Unterschränke verlegt, kann man auch eine nahtlose Fläche schaffen, aber das Gewicht macht den Umgang mit solchen Platten sehr schwierig.

▲ Die kühlen Blau- und Grüntöne erzeugen ein Patchwork-Muster an der Spritzwand über der blauen Ablagefläche. Die beiden verfliesten Flächen gehen sehr gut ineinander über.

Auch eine geflieste Ablagefläche ist sehr schwer, vergewissern Sie sich also vorher, daß die tragenden Teile des Schrankes das Gewicht auch tragen können. Verstärken Sie notfalls Eckverbindungen, Rücken- und Seitenwände des betreffenden Möbelstückes.

Eine geflieste Küchenarbeitsplatte macht Messer stumpf und ist kein guter Untergrund zum Teigausrollen oder Gemüseschneiden, aber man kann auch ein Hackbrett oder eine Marmorplatte obenauf legen oder in die Fläche einlassen. Soll die Arbeitsfläche integriert werden, sollte dies an einer möglichst zweckmäßigen Stelle geschehen.

Man kann die verflieste Fläche entweder mit Randfliesen oder mit Holz einfassen. Randfliesen, komplett mit Innen- und Außen-Eckelementen, sind häufig Bestandteil eines Standard-Bausatzes für Arbeitsplatten. Hartholz kann man dagegen gut mit der Einbauküche und den anderen Möbeln abstimmen oder in einer Kontrastfarbe beizen bzw. lackieren und so zu einem zusätzlichen Designelement machen. Aber ganz gleich, welche Umrandung Sie wählen – achten Sie darauf, daß sich die oberste Schublade noch öffnen läßt!

Die Fliesen für eine Arbeitsfläche sollten mindestens 5 mm dick sein, um heiße, schwere Pfannen auszuhalten. (Wenn man eine alte Arbeitsplatte neu verfliest, dürfen sie auch dünner sein.) Sie sollten nicht zu glänzend glasiert sein, sonst sind sie rutschig. Die meisten Wandfliesen lassen sich zwar in Bad und Schlafzimmer problemlos verwenden, sind aber als Küchenarbeitsplatte ungeeignet. Hier wählt man besser eine der vielen Spezialfliesen für Arbeitsplatten; ansonsten eignen sich auch die dünneren Bodenfliesen. So kann man die Arbeitsfläche passend zum Boden fliesen.

Die Fliesengröße ist eine Frage des persönlichen Geschmacks. Kleinere Fliesen (10 x 10 cm) sind schwieriger zu verarbeiten, und größere Fliesen (über 15 x 15 cm) sind schwerer zu handhaben und müssen vielleicht geschnitten werden. Im allgemeinen gibt die Größe der betreffenden Arbeitsplatte bei der Wahl den Ausschlag, denn man belegt so viel Fläche wie möglich mit ungeschnittenen Fliesen. Es ist zudem ein sehr gefälliger Anblick, wenn sich dieselben Fliesen in Wand, Spritzschutz oder in einer halbrunden Aufkantung fortsetzen.

Verwenden Sie unbedingt den richtigen Kleber und Fugenmörtel. Bei dem Kleber sollte es sich um einen Dünnbett-Bodenkleber handeln. Der beste Fugenmörtel ist eine Epoxidmasse, die resistent ist gegen Kochflüssigkeiten, Keime und auch die meisten Flecken. Diese Fugenmasse trägt man besser mit dem Spachtel auf statt mit Schwamm oder Fuggummi.

Man braucht eine geeignete, feste Fläche als Bett für die Fliesen. Manche Schränke haben vielleicht eine Holz- oder Laminatplatte, die stark genug zum Verfliesen sein kann; anderenfalls schraubt man Stützlatten unter das Möbel. Nachträglich ausgeschweifte Kanten müssen begradigt oder mit Holzstreben und Spachtelmasse aufgebaut werden. Metallkanten sollte man entfernen. Holzkorpusse kann man entweder verfliesen oder soweit aufbauen, daß sie die Einfassung der neuen Arbeitsplatte bilden. Wenn man die Arbeitsfläche ganz neu gestalten will, nimmt man am besten eine gute Furnier- oder Tischlerplatte

DIE LEITFLIESE FESTLEGEN

Planen Sie die Lage der Fliesen sorgfältig: Meist bildet sich am Schnittpunkt von vertikaler und horizontaler Reihe eine offensichtliche »Leitfliese« heraus.

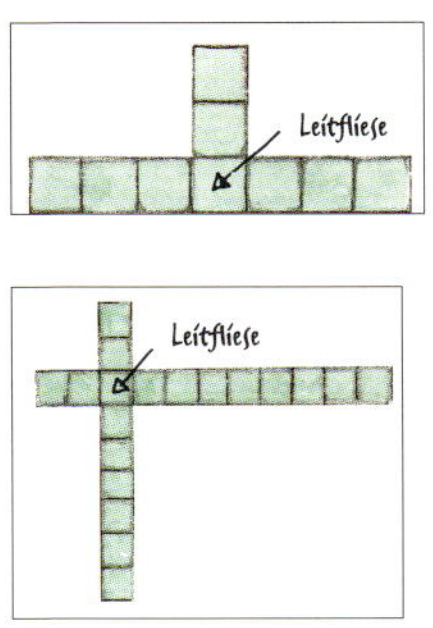

EINE ARBEITSFLÄCHE VERFLIESEN

Wenn die Arbeitsfläche mit Holz eingefaßt werden soll, nagelt man eine Richtlatte an diese Stelle. Der Holzrand sollte erst nach dem Verfliesen eingesetzt werden, damit er nicht beschädigt wird.

Soll die Arbeitsfläche eine Fliesenkante erhalten, bringt man die Randfliesen zuerst an. Beginnen Sie mit der Leitfliese und achten Sie darauf, daß Sie die Fliesen innerhalb der Fläche exakt an den Randfliesen ausrichten.

Jetzt mit einem Zahnspachtel den Kleber auf die Arbeitsplatte auftragen, und zwar jeweils ausreichend für sechs Fliesen.

Legen Sie alle ganzen Fliesen ein und trennen Sie sie mit Fugenkeilen; dabei die Fugenkeile zwischen Feldfliesen und Rand nicht vergessen!

Ziehen Sie eine Setzlatte über jede Fliesenreihe, um sicherzugehen, daß sie auch gerade ist – und prüfen Sie das Ergebnis mit einer Wasserwaage. Notfalls müssen einzelne Fliesen abgenommen und neu verlegt werden – versuchen Sie nie, die Fliesen mit Gewalt auszurichten.

SCHWIERIGE STELLEN VERFLIESEN

Verfliesen Sie erst die Arbeitsplatte und dann den Spritzschutz. Die Platte bis an die Wand verfliesen und dann die Wandfliesen überlappend darüber verlegen.

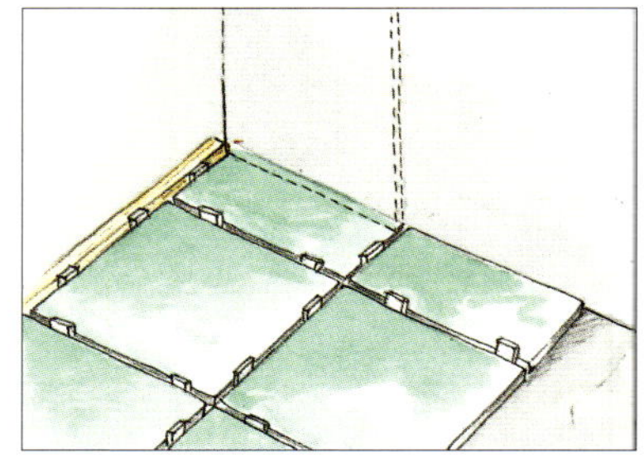

Hohlkehlen-Randfliesen können eine saubere Verbindung zwischen Arbeitsfläche und Wand schaffen.

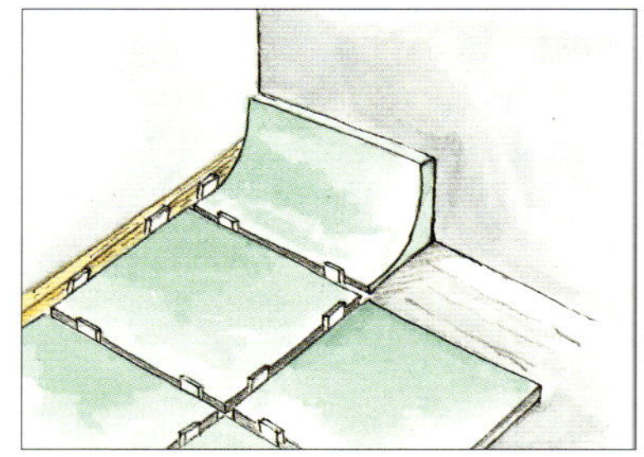

Die Abdeckung von den Steckdosen entfernen und die Fliesen passend für das Loch zuschneiden. Nach dem Verfugen bringt man die Abdeckung wieder an.

Hier nimmt man den Plattenbereich vom Herd ab und fliest unterhalb des Randes. Die Platten werden bis nach dem Verfugen auf Holzlatten gelagert. Schalten Sie vorher unbedingt den Strom ab und ziehen Sie den Stecker heraus!

An den Außenkanten sollten die Fliesen möglichst unauffällig übereinanderstehen. Im Normalfall überlappen die waagerechten Fliesen die senkrechten.

(mindestens 12 mm dick) oder eine Spanholzplatte (19 mm). Beide müssen an den Kanten etwa alle 60 cm abgestützt werden. Platte und Fliesen sollten in einem angenehmen Größenverhältnis zueinander stehen. Bevor man die Platte mit den Küchenelementen verschraubt, muß man die Aussparungen für Elektrogeräte und Spüle einschneiden.

Manchmal greifen die Kanten der Ausstattungsgegenstände über den Rand der gefliesten Fläche, dann müssen sie erst gelöst werden. Das kann auch dann erforderlich sein, wenn man Steckdosen und Lichtschalter einpassen muß.

DEN MITTELPUNKT FÜR EINEN SPRITZSCHUTZ FINDEN

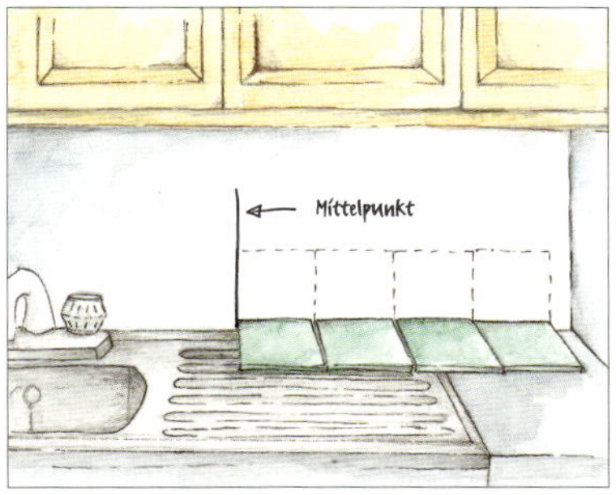

Halbieren Sie die Länge der Wand; nehmen Sie eine Fliesenkante (Fuge) als Mittelpunkt.

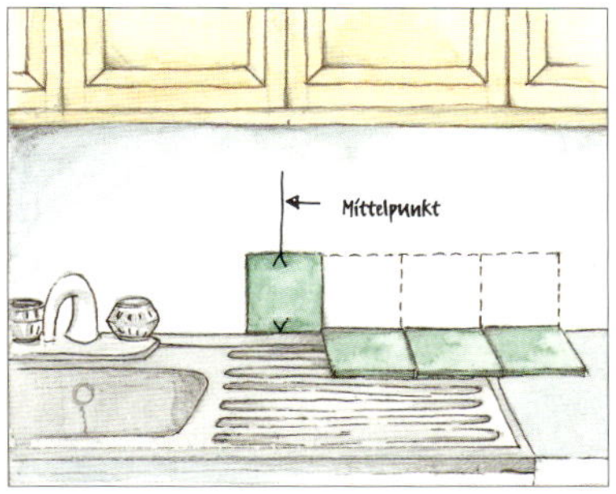

Manchmal sieht es besser aus, die Fliesenmitte als Mittelpunkt zu nehmen.

Zurück zum Zeichenbrett

Wer eine Küche von Grund auf neu gestalten will, muß festlegen, wo was stehen soll. Sie sollten sich das besonders intensiv genutzte »Dreieck« (Schrank, Herd, Spüle) möglichst bequem und zweckmäßig einrichten. Zudem sind Sicherheitsaspekte zu berücksichtigen: Planen Sie die Spüle nicht direkt gegenüber dem Ofen und den Ofen nicht hinter der Tür; auch Kochplatten unter dem Fenster können gefährlich sein.

Für die Planung der Arbeitsplatte macht man sich am besten einen maßstabgerechten Plan, in dem man genau festlegt, wo Fliesen, Aussparungen, Spüle und andere Einrichtungsgegenstände liegen werden. Nehmen Sie kariertes Papier; eine Fliese kann dabei ein oder mehrere Kästchen betragen. Teilfliesen sollten dabei möglichst hinter den Küchenelementen verschwinden, und bei einer L-förmig eingerichteten Küche müssen an der Innenkante des »L« ganze Fliesen aufeinandertreffen, und die Stoßfugen müssen gleichmäßig über beide Flächen verlaufen.

Den fertigen Plan können Sie beim Händler als Anhaltspunkt für die richtige Bestellmenge nutzen. Und wie bei allen Arbeiten mit Fliesen gilt auch hier: Irren ist menschlich – kaufen Sie also besser ein paar mehr!

Die Fliesen einlegen und die Arbeit beenden

Eine Arbeitsplatte verfliest man ähnlich wie eine Wand. Nachdem man die oberste Reihe ausgelegt hat, legt man die übrigen Fliesen auf die Platte, um sicherzugehen, daß der Plan auch wirklich die praktischste Lösung darstellt. Dabei wird sich eine Fliese als »Leitfliese« herausstellen. Diese liegt meist entweder in der Mitte der Platte oder dort, wo die zwei Arme des »L« zusammentreffen. Zeichnen Sie den Umriß dieser Fliese auf die Platte und verwenden Sie sie als Richtlinie.

Wenn Sie sich für einen Keramikrand entschieden haben, verlegen Sie diese Fliesen zuerst und arbeiten sich dann mit den Feldfliesen in Richtung Wand und seitlich vor. Die Leitfliese dient dabei als Orientierungshilfe. Wenn man Randfliesen verlegt, trägt man den Kleber auf der Rückseite der Fliese auf, statt auf der vorbereiteten Fläche. Planen Sie einen Holzrand, wird dieser später eingesetzt, aber in der Zwischenzeit dient eine gleich große Holzlatte, die man an den Rand der Arbeitsfläche nagelt, als Richtlinie.

Zum Verfliesen der Grundfläche benutzt man einen speziellen Zahnspachtel, mit dem man ausreichend Kleber für jeweils vier bis sechs Fliesen 2-3 mm dick aufträgt. Dann die Fliesen ausrichten, fest andrücken und Fugenkeile in die Zwischenräume drücken. Hin und wieder mit der Wasserwaage prüfen, ob die Fliesen auch gerade und bündig anliegen. Nachdem man etwa vier bis sechs Fliesen verlegt hat, werden diese mit einer Setzlatte glattgestrichen und angedrückt. Hochstehende Fliesen müssen abgenommen und neu verlegt werden.

Wenn die ganzen Fliesen verlegt sind, schneidet und verlegt man die Teilfliesen für die Ecken, die Einfassungen der Küchenelemente sowie die Seiten- und hinteren Randstreifen. Richten Sie aufragende Randfliesen und Fliesen für den Spritzschutz an den Fliesen der Arbeitsplatte aus. Dann die Fliesen reinigen, etwa 12–24 Stunden trocknen lassen und danach verfugen. Epoxid-Fugenmasse ist klebrig und verhält sich anders als konventioneller Fugenmörtel; sie muß genau nach Anleitung mit einer Spritzpistole eingespritzt werden.

▶ Fliesen für die Arbeitsplatte muß man nicht unbedingt rechtwinklig zu Küchenelementen oder Wänden verlegen. Hier macht das Rautenmuster die Fläche optisch interessanter. Achten Sie darauf, daß sich dort, wo Wand- und Arbeitsfläche zusammentreffen, die Fugenlinien nicht »beißen«.

BEZUGSQUELLEN

IN DIESEM BUCH VERTRETENE HERSTELLER

Amtico Company Ltd [AC]
Kingfield Road
(UK)Coventry CV6 5PL

Karl Arnold [AN]
1 The Strand
Topsham
(UK) Exeter EX3 0JB

Atkinson-Jones [AJ]
23 Sudeley Street
Kemp Town
Brighton
(UK) East Sussex BN 2 1HE

Acquisitions Fireplaces [AF]
4–6 Jamestown Road
(UK) London NW1 7BY

Carreaux de Casbah [CC]
20 Wellington Lane
Montpellier
(UK) Bristol BS6 5PY

Castelnau Tiles [CA]
175 Church Road
(UK) London SW13 9HR

Ceramique Internationale [CI]
Unit 1, Royds Lane
Lower Wortley Road
(UK) Leeds LS12 6DU

Chantecler Ceramics [CH]
Gwastod Bach
Llanpumpsaint
Dyfed
(UK) Wales SA33 6LH

Chiswick Fireplace Co [CF]
68 Southfield Road
Chiswick
(UK) London W4 1BD

Colour 1 Ceramics [C1]
412 Richmond Road
East Twickenham
(UK) Middlesex TW1 2EB

Corres Mexican Tiles [CM]
29 Great Suffolk Road
(UK) London SE1 0NS

Country Floors [CO]
8735 Melrose Avenue
(USA) Los Angeles CA 90069-5014

Country Tile Design [CD]
Court Farm, Court Lane
Standerwick
(UK) Somerset BA11 2PR

Criterion Tiles [CT]
196 Wandsworth Bridge Road
(UK) London SW6 2UF

Decorum Ceramic Studio [DC]
North's Estate
Piddington
High Wycombe
(UK) Bucks HP14 3BE

Elon Ltd [EL]
5 Skyline Drive
(USA) Hawthorn NY 10532

Elon Tiles [ET]
66 Fulham Road
(UK) London SW3 6HH

Fired Earth [FE]
Twyford Mill
Oxford Road
Adderbury
(UK) Oxon OX17 3HP

Hastings [HA]
230 Park Avenue South
(USA) New York 10003

H&R Johnson [HR]
Highgate Tile Works
Tunstall
(UK) Stoke-on-Trent ST6 4JX

Ideal Standard [IS]
The Bathroom Works
National Avenue
(UK) Kingston-upon-Hull HU5 4HF

Ideal Tiles [IT]
2048 Broadway
70th Street
(USA) New York 10023

Jaafar Design [JD]
78 Kingshill Road
Dursley
(UK) Gloucestershire GL11 4EF

Jones's Tiles [JT]
Orleton Manor
Ludlow
(UK) Shropshire SY8 4HR

Langley Architectural [LA]
161-167 Borough High Street
(UK) London SE1 1HU

Life Enhancing Tile Co [LE]
Designs by Robert Manners
Unit 4a Alliance House
14 St Mary's Road
(UK) Portsmouth PO1 5PH

Malbrook Conservatories [MC]
66 Upper Richmond Road
(UK) London SW15 2RP

Marlborough Tiles [MT]
Elcot Lane
Marlborough
(UK) Wiltshire SN8 2AY

Marston & Langinger [ML]
192 Ebury Street
(UK) London SW1E 8UP

Merchant Tiler [ME]
Alle Anfragen bitte an
Fired Earth

Metropolitan Tile Co [MP]
Lower Audley Center
Kent Street
Blackburn
(UK) Lancashire BB1 1DE

Minton Hollins [MH]
Alle Anfragen bitte an
H&R Johnson

Mira Showers [MS]
Cromwell Road
Cheltenham
(UK) Glouc GL52 5EP

Steven Morgan [MO]
Jericho
Mells Down
Mells
Frome
(UK) Somerset BA11 2RL

Mosaic Workshop [MW]
Unit B
443-449 Holloway Road
(UK) London N7 6LJ

Danka Napiorkowska [NP]
14 Higher Bridge Park
St Matthews Hill
Wadebridge
(UK) Cornwall PL27 6UW

Naturestone [NT]
Crossways, Silwood Road
Sunninghill
Ascot
(UK) Berkshire SL5 0PZ

Oak Leaf Conservatories [OL]
Kettlestring Lane
Clifton Common
(UK) York YO3 8XF
und
876 Davis Drive
Atlanta
(USA) Georgia 30327

Quemere International [QU]
112 Franklin Avenue
(USA) Yonkers NY 10705

Paris Ceramics [PC]
386 King's Road
Chelsea
(UK) London SW3 5UZ

Pilkington Tiles Ltd [PT]
PO Box 4
Clifton Junction
(UK) Manchester M27 2LP

Reject Tile Shop [RJ]
178 Wandsworth Bridge Road
(UK) London SW6 2UQ

Reptile Tiles and Ceramics [RP]
Gwaith Menyn
Llanglydwen
Whitland
Dyfed
(UK) Wales SA34 0XP

Robus Ceramics [RO]
Evington Park
Hastingleigh
Ashford
(UK) Kent TN25 5JH

Rye Tiles [RT]
The Old Brewery
Wishyard
Rye
(UK) Sussex TN31 7DH

Ann Sacks [AS]
5 East 16th Street
(USA) New York 10003

Sally Anderson Ceramics [SA]
Parndon Mill
Harlow
(UK) Essex CM20 2HP

Shelly [SH]
979 Third Avenue
(USA) New York 10022

T&C Sloper Medieval Tiles [SL]
6 Grovesnor Terrace
Bear Street
Barnstuple
(UK) Devon EX32 7DS

Société Carré [SC]
9 rue de Pierre de Geyter
(F) Pierrefitte 93380

Stonell [SN]
Unit 1, Bockingfold
Goudhurst
(UK) Kent TN17 2AH

Sunny McLean & Co [SU]
3800 NE 2nd Avenue
Miami
(USA) Florida 33137

Sussex Terracotta [ST]
Nye Road
Burgess Hill
(UK) West Sussex RH15 0LZ

Terra Firma [TF]
70 Chalk Farm Road
(UK) London NW1 8AN

Tile Art [TA]
45 Distons Lane
Chipping Norton
(UK) Oxon OX7 5NY

Tiles and Flooring [TI]
175 Muswell Hill Broadway
Muswell Hill
(UK) London N10 3RS

The Tile Shop [TS]
4–6 Chamberlayne Road
(UK) London NW10 3JD

Tiles of Stow [TW]
Lanston Priory Workshops
Station Road
Kingham
(UK) Oxon OX7 6UP

Tile with Style [TY]
270 Kentish Town Road
(UK) London NW5 2AA

Topps Tile Kingdom [TT]
Anfragen unter folgender Hotline:
(UK) 01162 750336

Tower Ceramics Ltd [TC]
91 Parkway
Camden Town
(UK) London NW1 7PP

Twyfords Bathrooms [TB]
Lawton Road
Alsager
(UK) Stoke-on-Trent ST7 2DF

WD Virtue Co Inc [WD]
PO Box 126
160 Broad Street
(USA) Summit NJ 07901

Whichford Pottery [WF]
Whichford
Shipston-on-Stour
(UK) Warwickshire CV36 5PG

Wickes Ltd [WI]
120–138 Station Road
Harrow
(UK) Middlesex HA1 2QB

Bronwyn Williams-Ellis [WL]
Old Orchard
88a Walcot Street
Bath
(UK) Avon BA1 5BD

Winchester Tile Company [WT]
Unit C1, Pegasus Court
Ardglen Road
Whitchurch
(UK) Hampshire RG28 7BP

World's End Tiles [WE]
BR Yard
Silverthorne Road
Battersea
(UK) London SW8 3HE

Anna Wyner [WY]
2 Ferry Road
(UK) London SW13 9RX

Mary Rose Young [YO]
Oak House
Arthur's Folly
Parkend, Lydney
(UK) Gloucestershire GL15 4JQ

DEUTSCHE HERSTELLER
(Auswahl)

AGROB Fliesen GmbH
Rheinallee 19
53489 Sinzig
Tel.: 04642/4 10 01

AnnaWerk Keramische Betriebe GmbH
Postfach 44
96472 Rödental
Tel.: 09563/01-0

ARCA Granit und Steindesign
Lindenstraße 67
14822 Brück
Tel.: 033844/54 80

Berlin-Keramik GmbH & Co. KG
Päwesiner Weg 24-27
13581 Berlin (Spandau)
Tel.: 030/3 31 40 38

Boral Keramik Wand & Boden
Netterdensche Straße 83
46446 Emmerich

Breisgau Keramik GmbH
Kanaustraße 11
74861 Herbolzheim
Tel.: 07643/791

Cereos Ceramic
Dr. G. Bankel
Meißenbachstraße 13
91207 Lauf
Tel.: 09123/22 08

Corning Keramik GmbH
Abraham-Lincoln-Straße 30
65189 Wiesbaden
Tel.: 06121/766-0

Delfter Blau Manufaktur RAAM
Siemensstraße 4
73037 Göppingen
Tel.: 07161/7 34 56

Fohrkeramik
Wilhelm Fohr GmbH & Co.
Postfach 344
56235 Ransbach-Baumbach
Tel.: 02623/40 01

gfk – gesellschaft für fliesen und keramik mbH Postfach 65
74361 Güglingen
Tel.: 07135/79 50

Grohn Actiengesellschaft, Norddeutsche Steingutfabrik
Steingutstraße 2
28759 Bremen (Grohn)

Gutbrod Keramik GmbH
Medlingerstraße 7
89423 Gundelfingen
Tel.: 09073/73 38 oder 20 38

Hoppe H. E. Außenhandel GmbH
Friedensallee 48
22765 Hamburg
Tel.: 040/39 15 11

Kago & Röhl Ofenkachelfabrik GmbH
Siemensstraße 2
92521 Schwarzenfeld
Tel.: 09435/84 22

Keramik-Manufaktur Kupfermühle GmbH & Co. KG
Postfach 7
25551 Hohenlockstedt
Tel.: 04826/914

Keramikfabrik Üebelacker GmbH & Co. KG
Postfach 450
56235 Ransbach-Baumbach
Tel.: 02623/20 91

Klingenberg Dekorkeramik GmbH
Postfach 1020
74001 Klingenberg
Tel.: 09372/13 11

Majolikafabrik Rheinbach
Jean Fuss & Sohn
Postfach 1108
53359 Rheinbach
Tel.: 02226/30 53

Mosa Wohnkeramik GmbH
Freiheitstraße 8a
40699 Erkrath
Tel.: 0211/24 20 51

Ostara Fliesen GmbH & Co. KG
Strümper Straße 12
40670 Meerbusch
Tel.: 02159/20 44

Staatliche Majolika Manufaktur
Karlsruhe AG
Postfach 6144
76041 Karlsruhe
Tel.: 0721/2 70 11

E. u. M. Stadler GmbH
Begonienstraße 15-17
90542 Eckental
Tel.: 09126/82 92

Rudi Stahl Kunsttöpferei, Bau- und Gartenkeramik
Wiesenstraße 4
56203 Höhr-Grenzhausen
Tel.: 02624/72 24

Steuler design
Steuler Fliesen GmbH & Co. KG
Industriestraße 78
75402 Mühlacker
Tel.: 07041/801-110

Ulmer Keramik
Heinz Saur GmbH & Co. KG
Postfach 2269
89212 Neu Ulm
Tel.: 0731/7 90 11

Vogt-Keramik GmbH
Panger Straße 27
83026 Rosenheim
Tel.: 08031/67 904

Winkenbach Keramik
Rudolf-Diesel-Straße
56410 Montabaur
02602/1 68 18

Ziegelforum e.V.
Bavariaring 35
80336 München

GLOSSAR

Aufglasurdekor: Dekor, das mit keramischen Farben auf eine bereits aufgeschmolzene Zinnglasur aufgetragen und bei einem weiteren Brand eingeschmolzen wird.

Aufriß: Ansichtsplan einer Wand, in dem alle wesentlichen Elemente (wie Fenster, Türen, Heizung) verzeichnet sind (siehe auch Grundriß).

Ausformfliesen: Erhabene Dekorfliesen, die in eine Hohlform gepreßt und so geformt werden.

Bordürenfliesen: Schmale Fliesenstreifen, die entweder als Dekorstreifen zwischen den Grundfliesen verlaufen oder als Abschlußbordüre verwendet werden. Sie können erhaben oder wie eine Profilleiste geformt sein und dienen dann oft als Sockelleiste (Stoßkante).

Cottoplatten: Grobkeramische, unglasierte, hartgebrannte rote oder rotbraune Ziegelplatten aus Italien, die für den Boden genommen werden.

Dekor: Jegliche Form der Verzierung. Profilierte Fliesen gehören ebenso dazu wie die Motivfliesen. Mehrere Fliesen können ein Wanddekor oder ein Raumdekor bilden.

Einleger: Kleine Fliesen, die mit größeren kombiniert werden und so ein geometrisches Muster bilden; meist findet man sie als Bodenfliesen.

Einstreuer: Motivfliesen oder kontrastfarbige Unifliesen, die wahllos oder nach einem festen Prinzip zwischen schlichte Grundfliesen gestreut werden und so das Design dekorativer gestalten.

Enkaustik-Fliesen: Von griechisch »eingebrannt«. Eine alte Methode, quasi Intarsien-Fliesen herzustellen, wobei die beiden verschiedenfarbigen Tonsorten beim Brennen fest miteinander verbunden werden. Man findet sie in mittelalterlichen Kirchen und Klöstern. Typische Farben sind Terrakotta, Schwarz, Beige; manchmal auch blau akzentuiert.

Fayence: Irdengutfliesen, überzogen mit einer weißen, deckenden Zinnglasur und bunten Farben; sie waren vom 16. bis 18. Jahrhundert sehr beliebt.

Glasur: Glasartiger Überzug, der in flüssiger Form vor dem Brennvorgang aufgetragen wird und die keramische Fläche wasserfest macht. Je nach Rohstoff wird die Glasur durch die Hitze hochglänzend, matt oder transparent.

Grundfliesen: Meist einfarbige, schlichte, glatte oder leicht strukturierte Fliesen für die Wandfläche.

Grundriß: Aufsichtsplan des Zimmers, in dem alle wesentlichen Elemente (wie Türen, Heizung, Kamin) verzeichnet sind (siehe auch Aufriß).

Haftgrund/Haftbrücke: Vorstrichsubstanz besonders für alte Wände, die den Putz bindet und verfestigt und so die Haftfähigkeit des Klebers erhöht.

Hochglanz-Finish: Kräftige, fließend irisierende Schicht auf Wandfliesen, die wie ein »Ölschlick«-Dekor aussieht. Entsteht durch Metalloxide in der Glasur.

Irdengut/Irdenware: Eine grobe Tonsorte, die man für Fliesen und Töpferwaren verwendet.

Kachel: Fliese, die ausschließlich dem Verkleiden von Wärmequellen (Öfen, Herde) dient. Stege an der Rückseite der Kacheln machen sie zu optimalen Wärmeleitern und -speichern.

Karnies/Deckensims: Dekorleiste, die waagerecht direkt unter der Decke an der Wand verläuft. Wurde früher oft aus Stuck gestaltet.

Krakeleeglasur: Eine Glasur, bei der feine Haarrisse als Gestaltungselement einen beabsichtigten »Antik«-Effekt erzeugen. Solche Fliesen sind dort ungeeignet, wo die Fläche resistent gegen äußere Einflüsse sein muß (z. B. auf Arbeitsplatten oder in der Dusche).

Keramik: Hitzebeständiges Material; entsteht beim Brennen von Ton.

Komplementärfarben: Die Farben, die sich auf dem Farbkreis gegenüberstehen und den stärksten Kontrast zueinander bilden. Die Verbindung von Komplementärfarben wirkt stimulierend.

Majolika: »Aus Mallorca stammend«, kamen diese Fliesen im 15. Jh. nach Italien. Bezeichnet ferner ein Verfahren, bei dem die Farben zusammen mit den Pigmenten (meist Oxiden) auf die noch ungebrannte, weiße Glasur aufgebracht und in einem Brennvorgang verschmolzen werden.

Mosaiken: Wand- oder Bodenbelag, der sich aus vielen kleinen Steinchen (aus gebranntem Ton, Glas oder Marmor) zu einem meist bildhaften Muster zusammensetzt.

Motivfliesen: Fliesen, die als Einzelstück bereits ein Motiv (Baum, Bauer, Blume, Schiff etc.) zeigen.

Profilleiste: Erhabene Bordürenfliese, die gern als Abschluß eines verfliesten Wandbereiches benutzt wird.

Rapport: Die gesamte Länge und Breite eines Dekors vom Anfang bis zu dem Punkt gemessen, an dem es sich exakt wiederholt. Schon eine einzelne Fliese kann einen Rapport bilden, allerdings gehören zu geometrischen Mustern in der Regel mehrere Fliesen.

Raumdekor: Über ein oder mehrere Wände verlaufendes, meist als Malerei gestaltetes, großes Fliesenbild.

Relieffliesen: Fliesen mit einem erhabenen Dekor, die einen dreidimensionalen Effekt erzeugen; meist als Ausformfliesen hergestellt.

Riemchen: Schmale Fliesenstreifen.

Schlicker: Mit Wasser breiartig verflüssigter, meist weißer Ton. Dient häufig als heller Überzug für rote Tonarten und gefälliger Hintergrund für das Dekor.

Sockel: Unterer Wandbereich zwischen Fuß- und Sockelleiste, früher oft mit Holz oder schweren Stoffen verkleidet.

Sockelleiste: Auch Stoßkante oder Kranzleiste genannt. Eine erhabene, rund- oder S-förmig geformte Profilleiste, ehemals aus Holz oder Gips, die etwa 90 cm über dem Boden angebracht wird, ursprünglich um das Anschlagen der Stuhllehnen gegen die Wand zu verhindern.

Steinzeug: Wird aus Ton mit Silikaten oder Flint hergestellt, die bei sehr hohen Temperaturen gebrannt werden. Fliesen aus Steinzeug eignen sich selbst für schwierige Witterungsbedingungen im Außenbereich.

Terrakotta: Von lateinisch »gebrannte Erde«. Bezeichnet im Normalfall unglasierte Irdenware – eine niedrig gebrannte rote Keramik für Fliesen und Töpferware. Auch ein spezifisches Orange-Rotbraun wird als Terrakotta oder – nach der italienischen Stadt Siena – als »gebranntes Siena« bezeichnet.

Tonwert: Intensität oder Helligkeit einer Farbe.

Trompe l'œil: Wörtlich »Augentäuschung«; Malerei-Verfahren, um einen dreidimensionalen Effekt auf einer glatten Fläche oder Wand zu simulieren.

Wanddekor: Blickfang aus mehreren Fliesen; »hängt« wie ein Bild an der Wand.

Zinnglasur: Bleiglasur, der Zinn zugesetzt wird; beim Brennen entsteht dann ein weißer Opak-Effekt.

REGISTER

Kursive Seitenzahlen beziehen sich auf Illustrationen.

DANKSAGUNG

Der Verlag dankt allen Herstellern und Fachgeschäften von Fliesen für ihre großzügige Unterstützung mit Fliesen und Fachwissen.

Dank gilt auch den folgenden New Yorker Fliesenstudios für die Erlaubnis, viele ihrer Fliesen zu fotografieren: Ann Sacks, Country Floors, Elon Ltd, Ideal Tiles und Shelly.

Besonderer Dank gilt Mary Rose Young und Ann Sacks für ihre freundliche Unterstützung und Kooperation während der gesamten Entstehungsphase dieses Buches.

Bildnachweis

Schutzumschlag (im Uhrzeigersinn von links oben):
Tile Art, Tiles of Stow, Aquisitions Fireplaces, Criterion Tiles, Sally Anderson Ceramics, Winchester Tile Co, Jaafar Design, Aquisitions Fireplaces, Reptile Tiles and Ceramics, Reject Tile Shop (Mitte).

Im folgenden Bildnachweis wird jede Bezugsquelle durch einen zweistelligen Code gekennzeichnet (siehe Bezugsquellenverzeichnis).

Abkürzungen: *o* (oben), *m* (Mitte bzw. -lreihe), *u* (unten), *l* (links), *r* (rechts), *z* (Zentrum)

1 MW / **2–3** MW / **4–5** MW / **7** LA / **8** HA *ol, oz*; Co *or*; AS *ul*; FE *ur* / **9** WI *ol*; CO *or*; HA *ul*; MH *uz*; LE *mr*; Yo *ur* / **13** PC / **14** FE / **15** PC *ol*; HR *oz*; SC *mr*; CO *ul*; CM *ur* / **16** CO *l*; DC *r* / **17** AS *l, ur*; ME *or* / **19** PC / **20** AS / **21** AS *o*; FE *u* / **22** CO / **23** CF *ol, zl, r* / **24** FE / **25** AS *l*; CO *or, ur* / **27** HR / **28** DC / **29** FE *oz, or, ur* / **30** CO / **31** WE *ol*; HR *or*; AS *u* / **32** NT / **33** CO *o*; SN *u* / **34** AS / **35** OL *o*; FE *u* / **37** ST / **38** PC *o, u* / **39** CM / **40** PC *l*; CO *r* / **41** MC *l*; SN *r* / **42** WI *o*; MC *uz*; PC *ur* / **43** HR / **45** HR / **46** CO / **47** MW *o*; SC *u* / **48** IS / **49** AS *l*; FE *r* / **50** IS *o*; CM *u* / **51** IS / **52** AS *l*; CO *r* / **53** SC / **54–55** Fliesen im Kapitelaufmacher des Farbleitfadens von AF, WL, CM, CT, EL, HA, JD, LE, MO, MT, YO, RP, RJ, SA, SU, SL, TY, WI / **57** SC / **58–59** Fliesen im Kapitelaufmacher des Farbleitfadens Rot von CO, CT, FE, MT, YO, RJ, SU, TC, TS, TY, WD, WT / **60** HR *l*; SC *r* / **61** AS *l*; MS *r* / **62** CM *ol*; CC *or*; SH *ml*; EL *mz*; CO *ul, uz, ur* / **63** HA *ol, oz, or, ml, ul, ur*; CO *mr*; CC *uz* / **64** EL *ol*; IT *ozl*; SH *ozr*; AS *or, ur*; HA *ml, ul*; CO *mz* / **65** CO *ol*; SH *oz*; IT *or*; AS *mr, uzl, ur*; RT *ul, uzr* / **66** AS *ol, uz*; MH *or*, SH *ml, mz*; CO *ur* / **67** AS *ol, ml, ul, uzr*; CO *ozl*; HA *ozr, mr*; SH *or*; CC *uzl*; ET *ur* / **68** SH *ol, or*; AS *oz, ml, mz*; IT *ul*; CO *uz*; EL *ur* / **69** AS *ol, ul*; AF *oz*; HA *or, uzl*; AJ *ml*; RT *mr*; EL *uzr*; YO *ur* / **70–71** Fliesen im Kapitelaufmacher des Farbleitfadens Orange von WL, CM, EL, FE, LE, MO, SL, TS, SU, TY / **72** SC *l*; C**1** *r* / **73** BB *o*; CM *u* / **74** HA *ol*; CM *oz*; SA *or*; IT *mz*; C**1** *mr*; CO *ul*; CM *uz*; CC *ur* / **75** HA *ol*; CM *oz, ul*; HA *or*; ML *mz*; AS *uzl*; ET *uzr*; ST *ur* / **76** CM *ol, oz, ml*; *mz, ul, uz, ur*; TF *or* / **77** HA *ol*; CO *oz*; AS *or, ml, mzl, mr, uzr, ur*; ST *mzr*; CM *ul*; *uzl* / **78** Fliesen im Kapitelaufmacher des Farbleitfadens Gelb von WL, CM, MT, TY, WT / **80** WT *l*; P*z r* / **81** CM *l*; MW *r* / **82** JT *ol*; AJ *oz*; WE *or*; CD *ml*; DC *uz, ur* / **83** FE *ol*; CM *ozl, mz*; AS *ozr, or, ml, uz*; WE *mr*; TS *ul*; YO *ur* / **84** CO *ol, or, ml*; EL *ozl*; HA *mzl*: SH *mzr*; JT *mzr*; DC *uz, ur* / **85** CD *ol*; FE *or*; TF *mz*; CM *mr*; HA *ul, uz*; YO *ur* / **86–87** Fliesen im Kapitelaufmacher des Farbleitfadens Grün von AF, CM, CT, EL, JD, LE, RJ, SA, TA, TC, TW, TY, WT / **88** HR / **89** HR *l*; AS *or*; SC *ur* / **90** ET *ol, ozl, mzl*; EL *ozr, or mzr*; MP *ml*; CM *mr*; YO *ul*; HR *uz*; ET *ur* / **91** CO *ol*; HR *ozl*; AS *ozr, or, mzr, mr, uz*; EL *ml*; HA *mzl, ul*; ET *ur* / **92** CO *ol, ozl, ml, ur*; CM *ozr*; CC *or, mz*; SC *ul*; RT *uz* / **93** CM *ol*; SH *oz, mr*; CO *or*; ET *ml*; CC *ul, uz*; AS *ur* / **94** HA *ol*; SA *oz*; DC *or*; CD *mzl*; CH *mzr*; TW *ul*; JT *uzl*; AS *uzr*; SH *ur* / **95** AF *ol*; HA *ozl*; AS *ozr*; CO *or*; PC *mzr*; TW *mr*; AS *ul, uzl, uzr. ur* / **96** AS *ol, oz, or, ml, mr, ul, uzr*; HA *uzl*; SH *ur* / **97** CO *ol, ozl, ml, ul, uz*; SH *ozr, uzl*; AS *or, uzr, ur*; HA *mz* / **98–99** Fliesen im Kapitelaufmacher des Farbleitfadens Blau von WL, CM, JD, LE, MO, MT, RJ, SA, TW, TY, WT, WF / **100** HR / **101** FE *l*; AN *or*; SA *ur* / **102** HA *ol, mzl*; AS *oz, ul, uz*; CO *or*; ET *ur* / **103** HA *ol, ul*; AS *ozl, ozr, uzr, mz*; IT *or*; HR *mr*; CM *uzl*; SH *ur* / **104** AS *ol, ozl, or, mr, uzr, ur*; CO *ozr*; WT *ml*; CM *mzl*; HA *uzl* / **105** RT *ol*; AS *oz, or, ul*; CO *ml, mr*; CM *mzr, uzl*; HA *uzr, ur* / **106** CM *ol*; CO *ozl, or, mr*; AJ *ozr*; SH *ml, ul*; AS *uz*; CA *ur* / **107** IT *ol*; AJ *or*; SH *mzr, uzr*; CH *mr*; AS *ul, uzl*; IT *ur* / **108** AS *ol, ml, mz, mr*; WT *oz*; SH *or*; DC *ul*; CO *uz*; NP *ur* / **109** SH *ol, mr*; DC *oz*; CO *or, ur*; FE *ml*; AS *ul*; IT *uzl*; TW *uzr* / **110–111** Fliesen im Kapitelaufmacher des Farbleitfadens Natur– und Neutralfarben von CM, EL, LE, FE, RJ, SA, TC, TS / **112** AS *l*; HR *r* / **113** AS *l, r* / **114** HA *ol, ul*; AS *oz, or*; HR *ml*, ML *mr*, SH *ur* / **115** CO *ol, oz, uz*; HR *or, ur*; AS *mz*; WT *ul* / **116** CO *ol, or, ml, mr*; ET *ozl*; MW *ozr*; WE *ul, uz*; AS *ur* / **117** CO *ol, ozl, ul, uzl, uzr*; SH *ozr, ml, mzr*; CM *ozr*; AS *mr, ur* / **118** PC *ol*; SH *ozl*; HA *or, ul, ur*; AS *ml, mzl, mzr, mr*; CO *uz* / **119** AS *ol, oz, mr, ur*; SH *or*; CO *mz, ul, uz* / **120** EL *ol*; HA *ozl*; ML *ozr*; AS *or, ml, mzr, mr, uz*; CO *ul, ur* / **121** AS *ol, oz, or, mz, mr, ur*; CO *ul, uz* / **122–123** Fliesen im Kapitelaufmacher des Farbleitfadens Schwarz– Weiß von EL, FE, LE, MW, QU, RJ, T**1**, TC, TW, TY, WT / **124** TT *l*; AS *r* / **125** CO *l*; AS *r* / **126** HA *ol, ur*; AS *ozl, ozr, or, mzl, mzr*; CO *mr, ul*; EL *uz* / **127** HA *ol, or*; AS *oz*; CO *ml*; EL *ul, ur* / **128** AS *ol, oz, ul, uz, ur*; SH *or, ml* / **129** HA *ol*; SH *oz, mzl, uz*; TW *or, ur*; AS *mzr*; CM *mr*; IT *ul* / **130** LE *ol, ml*; CO *ozl, or, mzl, mr*; WE *ozr*; HA *ul, uz, ur* / **131** CO *ol, ul*; HA *or, uz*; AS *mz, mr*; YO *ur* / **132** Fliesen im Kapitelaufmacher des Farbleitfadens Metallic von CO, HA, IT, YO, SU, TS, WD / **133** AS *l, r* / **134** CO *ol, ml*; AS *oz, ul, uz, ur*; HA *or* / **135** HA *ol*; AS *oz, mz, uz*; CO *or, ul, ur* / **136–137** Fliesen im Kapitelaufmacher zum Praktischen Ratgeber von FE, LE, Werkzeug von TC / **138** HR *o*; FE *u* / **139** LA *l*, FE *r* / **142** CA *o*; ST *u* / **144** WE / **145** MP / **146** AC / **149** SC / **150** CM / **151** MT / **153** SC / **155** AS / **160** MW